# 屍體證據


西尾元 著
日本兵庫醫科大學法醫學講座主任教授

陳朕疆 譯


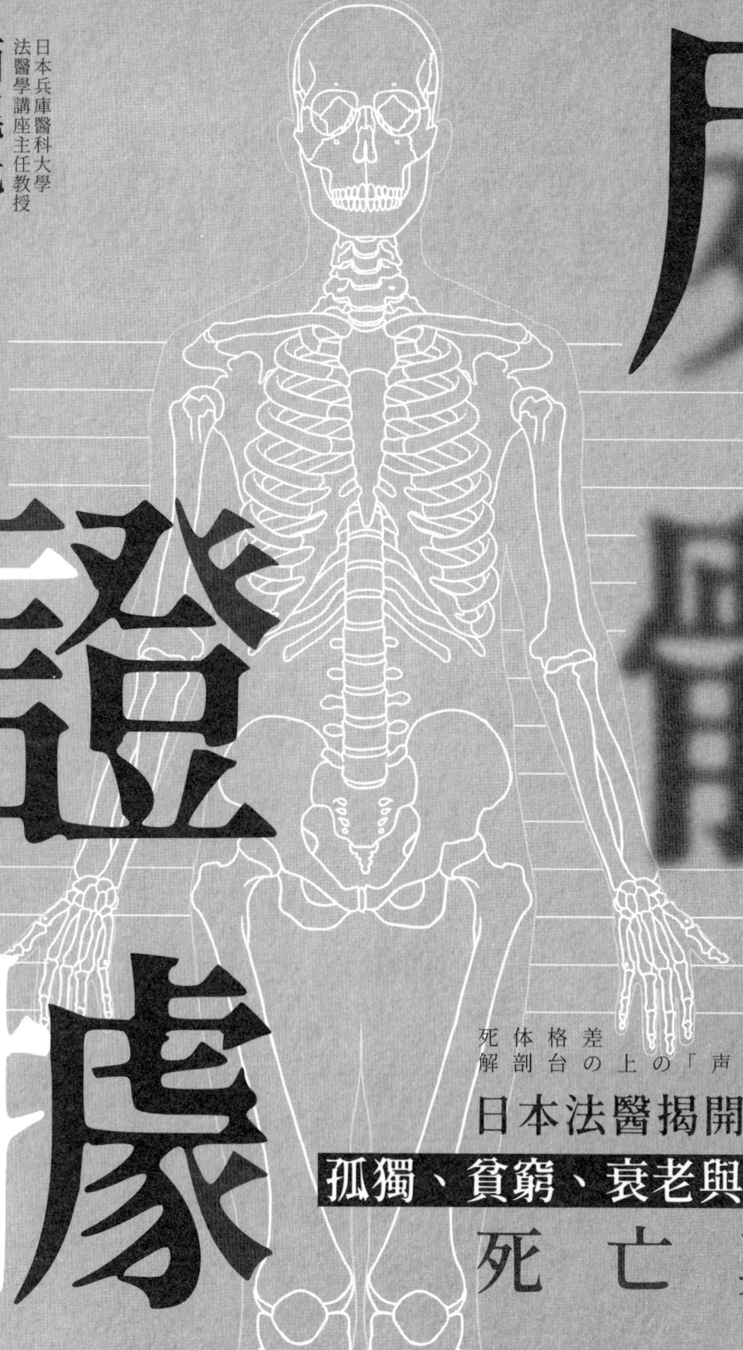

死体格差
解剖台の上の「声なき声」より

## 日本法醫揭開解剖台上孤獨、貧窮、衰老與不平等的死亡真相

世茂出版

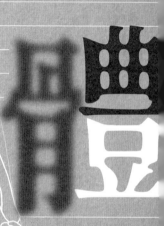

# 前言 某個女性遺體的謎團

各位聽到「法醫學」的時候，會想到什麼呢？像知名的電視劇般，解剖犯罪事件中被殺害的遺體，並與刑警們一起推理事件的真相——或許有不少人會有這樣的印象吧。

但事實上，法醫所追求的並不是事件的真相，而是「死亡的真相」，也就是在回答「這個人為什麼會死亡？」這個問題。本書中將會詳細說明，我們所解剖的遺體並不限於捲入刑事案件而死亡的人們。

三年前左右，一位住在關西的40多歲女性在自宅內死亡。遺體被發現後送到我們法醫學的教室。

發現遺體的地方位於市營住宅二樓的某個房間。沒有工作的她與母親兩人一起生活，不曾有過重大疾病。當天早上她的身體並無異狀，但外出的母親回來之後，看到的卻是她冰冷的身體。屋子有上鎖，且沒有外人入侵的痕跡。

警察曾到現場視察，但房間完全找不到打鬥的痕跡，東西也排列得很整齊。警察認為「無刑事案件可能」，但由於無從判斷死亡的原因，因此委託我們進行解剖。

送來的女性看起來比一般的40多歲女性還要老，散亂的頭髮夾雜許多白髮。與其用「瘦小」形容，不如說她看起來很「羸弱」。

進入解剖室後，我們像平常一樣從觀察遺體表面開始。

這位女性的頭部左側、左肩外側，以及左腰附近有紅黑色的撞擊痕跡。特別是左腰的撞痕相當大，不像是在房間內跌倒時所留下的痕跡。

「待在家中，要怎樣才會讓腰部受到那麼強烈的打擊呢……」

我們一邊在腦中整理許許多多的疑問，一邊動手開始解剖。

用手術刀切開她的腹部時，我和旁邊的醫生互看了一眼。位於腹腔下方的骨盆腔有大量出血。驚人的是，打開她的胸部時，左右肺呈現全白。

各位或許曾在某些教科書上看過，肺、心臟、肝臟等內臟皆為紅色。它們的紅色來自流過的血液顏色。當這些內臟呈現白色時，代表原本該流過的血液消失了。

依照警察視察現場後的說法，這位女性的家中沒有找到出血痕跡。然而她的體內卻有大量出血，在骨盆腔內的大量血液就是證據。

仔細檢查骨盆腔周圍，在構成骨盆的骨頭上找到了骨折的痕跡，看來就是從這裡開始出血，並逐漸擴散至周圍的組織、肌肉。

「因為骨盆骨折造成出血性休克」。這就是她「概括性」的死因。

然而，即使知道死因，當時我們還是不曉得這位女性為什麼會有那麼多的出血量，以至於因「休克」而死亡。

先說結論，她是因為交通事故而死亡的。

雖然不明顯，但在她的右膝外側有一個撞痕。當我發現這個痕跡時，一切便豁然開朗。

她的頭部、肩膀、腰部等處有許多明顯的撞痕。這些撞痕都分布在身體左側，一開始我不曉得這有什麼特殊意義。右側身體只有右膝外側這個地方有撞痕，這卻是個關鍵。

這位女性恐怕是在步行時被從右方駛來的車子衝撞致死，右膝的撞痕就是被車子的保險桿撞擊造成的傷痕。她被撞到後飛向左方，於是腰的左側便與路面發生激烈碰撞，造成骨盆骨折。「因左腰受撞擊使骨盆骨折，造成出血性休克」，這就是她真正的死因。

但即使推理至此仍未能釐清謎團。為什麼遭逢交通事故的她，最後會在位於市營住宅二樓的自家中身亡呢？

警察知道解剖結果後著手進行調查，立刻找到與這位女性相關的交通事故。但這並非肇事逃逸事件，撞傷人的駕駛有向警察報告這起事故。事故發生當下，肇事駕駛曾想將她送到醫院，但被她拒絕了。相對地，該名女性希望「把她送回自宅」，於是肇事駕駛便將她送回她家。

由於該名女性因為骨盆骨折的劇痛而難以步行，故這位男性肇事駕駛便將她從停車場揹到女性的自宅。那麼，她又為什麼拒絕去醫院呢？

原來，這天她在母親外出後到附近的超市買酒，回程途中遭逢交通事故。她非常喜歡喝酒，卻被她的母親嚴格禁止一個人喝酒。要是她在事故後被送到醫院，她母親就會發現她出去買酒的事實。

骨盆骨折時，出血會逐漸擴散。在她回到自宅的路途中，或許她的意識還是清醒的。但隨著出血情形越來越嚴重，意識也逐漸模糊，最後喪命。

後來我們聽說，她在這起事故的數年前，才因為自身有嚴重的酒精成癮而離婚。她的人生可說是被酒精摧毀了兩次。

當這個社會需要法醫出面時，多半是「不怎麼舒服的場面」。像是犯罪事件受害者、自殺、孤獨死亡……當有人在這些「非自然」的狀況下死亡時，為這些遺體解剖就是我們法醫的工作。

我們並不像臨床醫師般，能治療各種疾病，並接受來自患者及家屬們的感謝。法醫怎麼看都不像是醫學界光鮮亮麗的一面，關於這點我們也有所自覺。但也因為自己並不光鮮亮麗，靜靜待在社會的角落，才能看到許多別人看不到的事物。

這20年來，我戰戰兢兢地解剖了無數遺體。站在第一線面對這個國家的一具具遺體，我聽到他們正傾訴著人民無聲的痛苦與悲傷。我想傳達給讀者們的就是我從這些屍體中，究竟看到了什麼樣的「階級」。

本書內容基於我的實際經驗寫成，介紹的都是真實的案例。然而我們法醫是接受警察的委託而進行解剖，站在這樣的立場，我們不能公布解剖的內容。而且，要是讓別人知道某個人的遺體曾被法醫解剖，對家屬們可能造成不良影響。因此本書所提到的解剖案例中，在關於年齡、解剖過程等部分，會在不造成問題的範圍內稍做修飾，與事實略有出入。另外，本書介紹的內容僅為我所屬的法醫學教室處理過的解剖案例，以及參考在這裡找得到的資料寫成。日本各都道府縣（各縣市）的解剖案例應有所差異，希望各位讀者能明白這點。

# 目錄

# 第1章　貧困的屍體

# 難以忍受的酷寒

某年二月的某一天，天氣相當寒冷，前一天還下了雪。這天則像平時一樣，一大早就有警察將遺體送到我們的法醫學教室。

死亡男性的年齡推斷約為50歲。他在自家公寓中死亡，被發現時他趴倒在自家廁所前。

雖然警察視察過現場，但還是無法判斷死亡原因，故委託我們進行解剖。我們在準備室換好衣服，待解剖室的門一打開，警方負責人與法醫學教室的技術人員便不疾不徐地開始進行解剖準備。解剖室沒有窗戶，整面牆壁貼滿了全白的磁磚。在解剖室中央的柔和燈光下，男性的遺體已被平放在不鏽鋼製的解剖台。

心臟已停止跳動的肉體就擺在眼前。

對20年來幾乎每天都會看到這種景象的我來說，只是「日常的光景」。

踏入解剖室後，首先我會在一段距離外，觀察擺在解剖台上的遺體。像是身體的哪個部分有受傷，臉上的瘀血情形等，有些情況保持一段距離觀察，較能掌握整體感覺。因為在開始解剖之後，我們只會專注在眼前正在進行解剖的遺體部分，而忽略掉整個遺體的樣子，這很有可能會讓我們看漏某些地方，導致誤判死因。

綜觀全身後，便正式開始了我們的工作。我們會仔細觀察遺體表面的每一個角落。從法醫學的角度進行解剖時，需觀察外表有沒有明顯的外傷、異常顏色；若有外傷，在何處、範圍有多大、分布多寡……這些由外表獲得的資訊，在某些案例中是最後判定死因的關鍵。若有刀刃刺傷的痕跡，比對傷口大小、深度與凶器是否一致，有時能成為逮捕犯人的重要證據。

在這個案例中，我們進入解剖室時，立刻就注意到遺體外表有許多「印記」。我們也看到手肘和膝蓋等較大的關節附近，體表多處呈現紅斑狀的異常顏色。

確認過顏色異常的位置後，我的腦中馬上浮現出「凍死」這兩個字。但這個階段還沒辦法下「診斷」。

確認完整個遺體表面後，我們便會用手術刀開始切割遺體。小心翼翼地切開皮下組織（皮膚真皮下方的結締組織，主要由脂肪細胞構成，有血管、神經等經過），並照著既定順序，一一解剖腦、肺、心臟、胃、肝臟、腸等臟器。

而在這名男性的案例中，從心臟流出的血液顏色，是解剖時所確認到的最大「異常」。切開心臟後，比較左側與右側流出的血液，我們發現兩邊的顏色不同。左側流出的血液明顯較紅。

這個差異是凍死的遺體上可觀察到的最顯著特徵。

稍微提一下相關的醫學專業知識。血液的紅色一般來自紅血球內一種名為血紅素的蛋白質，與氧氣結合後所呈現的顏色。與血紅素結合的氧氣越多，血液便會呈現鮮豔的紅色，如果結合的氧氣較少，便會呈現略黑的暗紅色。

藉由呼吸進入肺部的氧氣，會在肺部與血液內的血紅素結合，並隨著血液回到心臟左側（左心房），再從左心室作為動脈血離開心臟流向全身。全身細胞消耗掉血液中的氧氣後便成為了靜脈血，經由靜脈回到心臟右側（右心房）。因此，心臟左側的血液氧氣濃度本來就比較高，與右側的血液比較起來，應該更鮮紅才對。但一般而言，以肉眼並不容易分辨兩者顏色的差異。

然而，提到血紅素與氧氣的結合能力，還需注意一項血紅素的化學性質。那就是低溫時，血紅素與氧氣的結合能力會明顯升高。在凍死之前，低溫空氣進入肺部，使肺內血紅素與氧氣結合比例比平時還要高上許多。因此，當體溫逐漸下降而將要凍死的人，動脈血會呈現異常鮮明的紅色，與靜脈血的顏色差異用肉眼就可以看得出來。

解剖後，我們下了這名男性的死因是「凍死」的診斷。

## 在城市中「凍死」的人們

提到凍死，一般人或許會想到在雪山之類的地方，因身體無法動作，逐漸凍結成像冰塊一樣的屍體。沒有食物、寒風逐漸奪走體溫、身體越來越不聽使喚，最後導致死亡……至今已有許多頑強的登山人士在陷入這種狀況後送掉了性命。

那麼，這名男性為何會在城市內的公寓凍死呢？

即使過著都會區的日常生活，凍死也絕不是什麼稀奇的事。身處解剖工作現場的我們更能體會這點。

在我的法醫學教室，每年會送來約300具左右的遺體，其中約有10具的死因就是凍死。其中有很多是營養不良、體格瘦弱的人。

這名男性在數年前被解雇，妻子也離開了他。一個人持續過著沒有工作的獨居生活，卻逐漸繳不起房租。滯納房租數個月後，房東因為聯絡不上他而開始擔心，故報警處理，卻因此而發現了他的遺體。他死亡時，家裡的瓦斯、水電皆被停用。房間內幾乎找不到任何食物與財物。

根據警察的說法，死亡男性的健康沒有異常，也不曾得過重大疾病。而且，從該名男性的居住地到我們進行解剖的地方這一帶，也不是那種會積厚厚一層雪的寒冷區域。就算冬天再怎麼冷，只要穿著一定量的衣物，待在被窩裡，應該不至於會凍死才對。

然而，即使待在家中，只要滿足某些條件，人們還是有可能會凍死。人類的體溫通常保持在37℃左右，要是因為某些理由降到28℃（有時候還有可能降得更低），很可能出現心律不整的症狀，因而死亡。

當周圍的溫度比體溫低時，身體便會消耗能量產生熱（又稱作產熱），保持必要的體溫以維持生命。但如果沒有攝取充分的營養並轉換成能量，產熱的效果便會很差。當身體產熱的速度追不上散熱的速度時，體溫便會逐漸下降。在這個解剖案例中，該名男性的腸胃空空如也。從他身上沒有任何現金這點看來，他應該有一段時間沒有吃到像樣的食物了。

我看過許多像這名男性般「因貧困而凍死」的案例。因為貧窮，連食物都買不起，於是體力與抵抗力漸漸下降。狀況越來越嚴重時，即使用衣服包緊再蓋上棉被，還是會凍死。

不可思議的是，有些凍死後的遺體在被發現的時候卻沒穿衣服。這個案例中的男性也是如此，雖正值隆冬，當他的遺體被發現時卻只穿著內衣褲。

法醫學將這種現象稱作「奇異性脫衣」。人們在快要凍死的時候，似乎反而會覺得「很熱」。有些在雪山中遇難而凍死的人們被發現的時候，身上只穿著輕薄的衣服，其它衣服卻被脫掉棄置。電影《八甲田山》中就有描寫這個現象的場景。人的腦內有體溫調解中樞，或許是在凍死的過程中，這個中樞發生了什麼異常吧。

控制體溫的生命維持機制發生異常而導致了這種現象，稱作「矛盾脫衣」。明明周圍的寒冷讓人難以忍受，卻不知為何地覺得身體很熱，反而自行放棄了最後的防寒手段，使體溫加速下降。

過去我曾解剖過一具在公寓地板下發現的凍死遺體。據說該名死者是為了要躲避追債的人，才藏身於地板下的狹小空間生活，連呼吸都得小心翼翼。最後他便是在又暗又冷的空間中不知不覺凍死。

無人聞問，在城市中某個公寓的某個房間內因飢餓而凍死——這是發生在當代日本的現實。

# 領取生活保護津貼與死亡

現在的日本人中，有不少人因為自身狀況發生某些變化，如身心失調，或者遭逢裁員等變故，使生活水準突然下降。

事實上，送到我們這裡的遺體中，就有不少人一開始只是碰上小小的阻礙，卻使生活陷入貧困，最後導致死亡。而像剛才提到的凍死男性般，身上幾乎沒有現金、腸胃空空如也、有好幾天沒有洗澡的案例也不在少數。

這幾年有件事讓我有些在意。在我記錄被解剖遺體的生前生活狀況時，我發現生前處於「生活保護」（日本政府為生活貧困者提供最低生活保障費用的制度，類似台灣低收入補助）的遺體有增加的趨勢。

2016年4月厚生勞動省所發表的生活保護制度之被保護者調查（2016年1月份之概數）資料顯示，日本的生活保護率為1．71％（包含暫停保護中的所有被保護人員佔所有國民的比例）。換句話說，每100個日本國民，就有近2人是生活保護的被保護者。

我所任職的兵庫醫科大學法醫學教室之負責區域，包括了兵庫縣尼崎市。

尼崎市的生活保護率為全國平均的兩倍以上，由該市的生活貧困者自立支援負責單位於2015年8月「市長定期記者會資料」中所發表的資料顯示，尼崎市的生活保護率為4．07％。在人口20萬以上的中核市中，僅次於函館市的4．64％與東大阪市的4．09％（以上皆為2015年4月之時間點）。也就是說，每100位市民就有4人接受生活保護。

我們法醫學教室在2016年一月到八月間，共經手了117個解剖案例。其中有領取生活保護津貼的案例有25個，佔了整體的21．4％（未公開資料／持續調查中）。換句話說，由我們經手解剖的案例，每5人就有1人是生活保護制度的被保護者。再說，這些案例中也包含了許多身分不明人士，不曉得他們是否屬於被保護者，故實際比例應該比21．4％還高。

雖然這只是我們法醫學教室自己的調查，但考慮到全國的生活保護率為1．71％，而我們經手的解剖遺體卻有20％以上為被保護者，不難發現因貧困而死亡的比例異常地高。

老實說，我之前幾乎不會注意到我們經手的遺體與生活保護制度的被保護者之間有什麼關聯。每天都會有許多不同年齡、性別的遺體被送到我們這裡來，他們生前的生活情況各有不同。而我們以法醫學進行解剖的目的，僅是為了確認他們的死因，並不會特別注意個人生前的經濟狀況。

但換個角度來想，我每天在解剖台上所面對的是沒辦法在家屬的陪伴下於醫院嚥下最後一口氣「安穩死去」的人們。專業術語上稱做「非自然死亡」（アンナチュラル）。也就是說，沒辦法被斷定為「病死」的遺體，才會被送到法醫室來。說來諷刺，「非自然死亡」雖稱為非自然，在解剖的現場卻可說是常態。結果，我們反而沒能注意到它們的存在所代表的問題本質，其實是經濟上的原因。這讓我最近常陷入深思。

此外，有支領生活保護津貼的這些人，其中84％（25個案例中有21個）為獨居者，通常是市公所所屬的社工們有陣子沒辦法聯絡上他們，進而直接到家中拜訪時，才發現他們已在自家死亡。

最近針對支領生活保護津貼的人的批評越來越強烈，像是「明明好手好腳卻不去工作，只顧著享樂」之類。但只有看到躺在解剖台上的他們，才能明白這些批評都不是事實。忍受著可能導致死亡的飢餓，卻連尋求幫助都做不到。在這樣的孤獨中死亡的人們確實存在。

## 因酒精而喪命的人們

在解剖生活保護津貼支領者的遺體時，常可看到他們有酒精成癮的現象。如果每天都大量飲酒，長年持續下來，會造成肝硬化與肝功能障礙，甚至導致死亡。

初春三月的某日，一具男性遺體被送到我們這裡來。負責的警員告訴我們，這名男性從很久以前就有酒精成癮的現象。據說他拿到的生活保護津貼幾乎都拿去買了酒。社工發現他的遺體時，他已在獨自生活的自宅中吐血死亡。

當我打開他的腹部時，發現在他胃內的不是食物，而是約一公升的血液。發現直接死因為「出血性休克」。流經食道的血管（靜脈）破裂並大量出血。發現遺體時看到的吐血，恐怕就是因為食道的出血造成的。

通常，攝取酒精並不會讓血管破裂。這個案例中，問題出在過度攝取酒精所引起的肝硬化。肝硬化是肝臟疾病中的一種，當過量的酒精流經肝臟，超過了肝臟的負荷時，會造成慢性肝功能障礙，使肝細胞逐漸減少、死亡、纖維化。最後導致肝臟硬化，肝功能明顯衰退。

該名男性的肝臟硬化已相當嚴重，血液完全無法流入。這種情況下，無路可走的血液只能逆流回食道黏膜下方的靜脈血管，使食道血管逐漸腫脹，一不小心就會破裂。

事實上，肝臟這個器官有些特別。為了儲藏養分，由消化管吸收的養分會隨著血液注入肝臟。若在某些原因之下，使血液無法流入肝臟，無路可走，這些血液便會回流至食道黏膜等血管，並在這些血管形成靜脈瘤（使靜脈出現一個個瘤狀凸起），而靜脈瘤的出血，就是導致該名男性死亡的原因。

當我進入解剖室，確認該名男性的外表時，發現他的肚臍周圍凹凸不平，有嚴重的蚯蚓狀腫脹。這也是肚臍附近皮膚下方的靜脈有瘤生成的證據。

通常，肝功能出現障礙時，會有燥熱、倦怠等感覺，身體也會覺得不太舒服。肝硬化越來越嚴重時，身體各處都會有無力感。想必這名男性的身體狀況已經差到連生活都有困難了。

一般而言，如果嚴重到這種程度，身體早已發出各種危險訊號，應到醫院進行必要的處理。

由於這是一位在生活保護機制下的被保護對象，享有一定的醫療扶助，並可免繳診察費、治療費、藥物費用。但他連去醫院接受治療都覺得很麻煩——

或許這就是酒精成癮真正的恐怖之處吧。

## 原本不該死亡的死者

近年來，沒有接受生活保護制度的幫助，卻也每天生活在拮据環境下的貧困階層越來越多了。這些人光是擠出每天三餐的費用都很勉強，就算身體出了什麼狀況，也會忍著不去醫院。當它們接受診察的時候，病情已經惡化到危及性命……最近常聽到這類讓人感到悲哀的例子。

在法醫學的現場，也常碰到連醫生都沒看過就死亡的人。

一名50多歲的男性某天突然不去上班。由於他曾向周圍的人透漏他「最近身體狀況不太好」，有同事擔心他的狀況，於是拜訪了他所住的公寓，卻發現他倒在起居室，早已死亡多時。

警察視察後仍不明白死因，於是馬上送來給我們解剖。

我們解剖該名男性的遺體後，在大腸發現了一個很大的進行癌腫瘤。

大腸主要的功能為吸收水分，就算把整個大腸拿掉，人類還是可以活得好好的（不過如果把整個大腸切除，大便會變得像水一樣稀）。

該名男性的腫瘤完全沒有接受過治療，就這麼任其惡化，於是腫瘤不斷成長，直到塞住整個大腸腸道。當腸道內側被癌細胞完全塞住之後，排泄物便無法通過，只能持續累積在腸道內。實際解剖後，也發現與大腸相連的小腸因為塞滿了無法進入大腸的內容物而腫脹得很嚴重。可以想像該名男性的身體狀況相當糟糕。

該名男性的直接死因為「腸閉塞」，要是正常接受治療，也不至於會變得那麼嚴重。要是他能早點接受大腸癌手術，應不會發生腸閉塞情形，也能過著健康的日常生活吧。

如果腸子腫成這個樣子，會讓人產生想要嘔吐等強烈的不適感，病患本人應該也會覺得自己該去醫院一趟，但警察卻查不到該名病患有任何就診紀錄。

或許有些人會單純因為「討厭看醫生」之類的理由而不接受診察吧。然而也有些人雖然想看醫生，但因為沒有錢，只好一直忍著身體的不適，最後死亡。

## 置之不理而「導致死亡」的疾病

說到與貧困有關的疾病，站在法醫學的角度來看，還有一種病讓我很在意，那就是「糖尿病」。

根據WHO資料顯示，1980年時，世界上共有1億800萬名糖尿病患者，到了2014年卻增加了約2．9倍，來到了4億2200萬人。而且糖尿病患者的四分之三集中在中低所得國家（引自國際糖尿病聯盟《糖尿病概述》第7版）。近年來，貧困與糖尿病的關係逐漸成為話題。

過去糖尿病被視為「奢侈病」，只有飲食生活奢華的人們才有機會得到這種疾病，但隨著泡麵及零食餅乾等垃圾食物的普及，現在的日本重新把糖尿病看作是「低所得疾病」。

胰島素可促進細胞吸收血液中的糖分，使血糖下降。而當胰島素的分泌不正常時，就會造成糖尿病，病患的血糖會比正常值高。一旦病患出現症狀，就只能與之共存而無法治癒，有時還必須在日常生活中注射胰島素，以促進身體吸收葡萄糖，並限制卡路里的攝取。

隨著治療內容與處方藥物的不同，這種胰島素療法所需的醫療費用高低不等，一般而言一個月大約只需自行負擔一萬日圓左右即可（接受生活保護制度的對象還可享有醫療扶助）。但這個價格只限於有加入健康保險的人，但另外有不少人因為經濟上的原因，連健保費都付不出來，對他們來說這筆開銷並不小。

治療糖尿病的困難之處，在於初得糖尿病的病患沒有明顯症狀，易被忽略，許多人即使被確診有糖尿病，也放著不去理會。

如果一直維持在高血糖的狀態，會使血管與神經功能出現異常，引起「糖尿病神經病變」、「糖尿病視網膜病變」、「糖尿病腎病變」等併發症，還會造成動脈硬化等症狀，甚至可能導致心肌梗塞，隨時暴露在突發性死亡的風險下，連活著都戰戰兢兢。

我曾解剖過一位50多歲無職男性的遺體，他沒有罹患糖尿病，但過去曾連續十年每天都吃泡麵。由解剖的結果，可明顯看出他的飲食生活有所偏差。

該名男性的死因是肝衰竭。解剖時可看到他的肝臟整體呈現接近白色的黃色，是標準的脂肪肝。看來他的肝衰竭便是由脂肪肝所引起的。

據說該名男性並沒有固定職業，而是靠著臨時工的日薪過生活。每天的飲食費用相當有限，若想盡可能填飽肚子，只能選擇泡麵作為正餐，撐過一天是一天。這樣一來，營養當然會不均衡。

飲食生活與收入有直接關係，這是我在解剖現場深刻體會到的事。糖尿病、脂肪肝的患者們生前過的是什麼樣的飲食生活，在他們身體內已留下了痕跡。

## 露宿者之死

露宿者，或稱遊民，他們的遺體有時會送到我們的法醫學教室。我們教室所負責的區域有一條較大的河川流過，因此被送過來的遺體幾乎都是在那條河川上生活的人們。

站在法醫學的立場來看，他們死亡的原因千奇百怪。遊民的死因並不會特別集中在某些死因上。

不過就我至今的經驗來說，他們都是「獨居者」。至少，在他們死後，屋頂般的藍色帆布底下並沒有與他們一起生活的對象。

因為他們都是獨居生活，故即使死亡也不會馬上被發現。大多是死亡後數週，甚至經過數個月後才被發現。遺體在外界空氣下會逐漸木乃伊化，在比較慘的案例中，遺體會被野狗啃得到處都是，或遭到螞蟻、蟑螂啃食；如果是在夏天，死後遺體又被置於野外長達一個月以上，更會被蒼蠅的幼蛆蠶食殆盡，幾乎變成一副白骨。

由於木乃伊化，或者是白骨化的遺體已經沒有內臟，即使送來解剖也很難分析出死因為何。雖說如此，還是可以從剩下的骨頭、牙齒、指甲等，判斷遺體主人的性別、身高、有無骨折等。

接下來我想提一些專業上的東西。以下是日本在法醫學教室所進行的解剖（法醫解剖）種類。就現在而言，法醫進行的解剖大致可分為以下四種。

①司法解剖

為了協助犯罪調查，針對犯罪事件之屍體或有此疑慮之屍體進行的解剖。法源依據為刑事訴訟法。這樣的解剖有強制力，執行解剖時不需經過家屬的同意。

②調查法解剖

為避免遺漏犯罪事件，針對身分不明之遺體或與犯罪事件無關之遺體進行的解剖。法源依據為死因、身分調查法。執行時基本上不需家屬的同意。

③監察醫解剖

在監察醫制度實行區域（東京都23區、大阪市、神戶市等，日本的特定區域），為究明與犯罪事件無關之遺體的死因而進行的解剖。由監察組織負責（※不是在大學的法醫學教室進行，故不會在本書中提及）。法源依據為屍體解剖保存法。執行時基本上不需家屬的同意。

④承諾解剖

在監察醫制度實行區域以外，家屬同意下，為究明與犯罪事件無關之遺體的死因而進行的解剖。由全國各地的大學法醫學教室負責。法源依據為屍體解剖法。

簡單來說，法醫學教室內進行的解剖包括可能與犯罪事件有關的「司法解剖」、與犯罪事件無關並在家屬同意下進行的「承諾解剖」，以及與犯罪事件無關但身分不明的「調查法解剖」。

2013年「警察調查屍體之死因及身分時適用法律」（死因、身分調查法）施行，這讓我們可以進行新的調查法解剖（又稱作「新法解剖」）。身分不明的遊民遺體，只要與犯罪事件無關，便可交給我們解剖。這使得在我們負責的解剖區域內，委託我們進行調查法解剖的案件變多了。

因為某些理由而失去工作、住處，以及家人的遊民們，在還不知道死因的情形下就被送入火葬場，總覺得心理上令人難以接受。我認為有必要藉由解剖，明白他們為什麼會死亡，或是否有被捲入犯罪事件的可能性。

## 最後的淨身

或許您曾經聽過，日本有一種職業叫做「湯灌師」。在遺體放入棺木前，湯灌師會將遺體清洗乾淨。除了清洗之外，在某些情況下還會協助修復因受傷或腐敗而有缺陷的身體部位，並在化妝之後才將遺體放入棺木中。他們在死者踏上黃泉之國前，讓死者的身體煥然一新，是讓人相當尊敬的職業。

我們法醫在解剖結束後，會將取出的內臟放回體內，將已切開的的皮膚縫合回去，儘可能使遺體回復原狀。接著把遺體交給禮儀社，讓他們將其放入棺木。

解剖時幾乎需將所有的臟器取出，仔細觀察，過程中一定會碰到許多血液。雖然我們都會儘可能不讓血液等體液沾到遺體外表，或者附著在解剖台上，但再怎麼努力避免，還是會有一部分沾到遺體上。隨著各個案例的狀況不同，有些遺體在搬到解剖室的時候，身體表面就沾有大量血液，或是附著著許多現場的泥土、砂粒。

因此，在解剖工作結束時，我們會使用清潔劑及海綿，為遺體全身好好清洗一遍。雖然這項作業的過程不像湯灌師的工作那麼細膩，但就我個人而言，會把這項作業稱作「最後的淨身」。

遺體中有許多人生前獨自生活，沒有工作，恐怕也很久沒有洗過澡了。鬍子、指甲雜亂生長，全身皮膚表面呈現褐色，滿滿都是汙垢。

這樣的遺體經過清潔劑與海綿好好洗過一遍之後，也能變成乾淨亮麗、看起來很舒服的白色。洗他們的頭髮時，我會一邊默念著「因為是最後的淨身，就好好地洗乾淨吧」，一邊把清潔劑搓揉出泡沫，仔細地刷洗他們的頭髮。不管是什麼樣的遺體，洗完以後看起來都乾淨許多，看起來就像是另一個人（至少我看起來是這樣）。

在他們死前，或許因為經濟或其他各種原因，讓他們沒辦法好好洗個澡。

我沒辦法得知他們每個人過去的故事，但不管是誰，我都希望他們在踏上最後一程時，能煥然一新地離開。

## 嬰兒之死

以前曾有電視新聞報導，在神戶ＪＲ三之宮車站的投幣置物櫃中發現了嬰兒的遺體。一開始是路人發現惡臭後通報相關單位，隨後警察則說明是由嬰兒的遺體造成，且嬰兒已死亡一段時間。這個投幣置物櫃在三之宮站北側，靠近繁華街區的地方，假日時我常經過那附近。

懷上不被祝福的胎兒，或者是想要孩子但經濟不允許養育嬰兒的孕婦會藉由「人工流產」拿掉胎兒，這在日本並不少見。基於母體保護法，一般的人工流產是婦產科可進行的醫療行為。

然而另一方面，也有不少嬰兒的遺體被送到我們這裡來。說起來讓人有些不忍，但像三之宮事件般，在超市的廁所或車站的投幣置物櫃中發現嬰兒遺體這種事並不罕見。雖說多數情況下，是貧困造成了這些棄嬰，但為了確定這些小小的生命為何會消逝，還是會委託我們進行解剖。

解剖嬰兒時，確認這名嬰兒在出生時仍活著或者已死亡是診斷的一大重點。要是在離開母體時已死亡，稱作「死產」。相對於「死產」，法醫學上會將活著被生下來的嬰兒稱作「活產」。而我們需判斷嬰兒在生下來時是「死產」還是「活產」。

如果剛生下來的嬰兒活著（活產），之後卻死亡，考量生產後的狀況，嬰兒母親可能會被追究為何未盡其保護責任。母親明知道放著嬰兒不管，嬰兒就會死亡，卻仍這麼做，可能被視為殺人行為。

在解剖嬰兒時，我們首先會取出嬰兒的肺，將其放入裝有自來水的燒杯中，看它會不會浮起來。活產的嬰兒在離開母體後會開始自行呼吸，使肺內充滿空氣，故會浮在水面上。這就是嬰兒曾呼吸過的證明。或許您會訝異怎麼會使用這種聽起來很原始的方法，但其實這種被稱作「肺浮揚測試」的方式，已在法醫學的現場被使用了很長一段時間。

在某個初夏之日，一個嬰兒的遺體被送到我們這裡來。該名嬰兒的遺體在超市旁的廁所內被發現。我們將小小的肺取出，放入水中後看到它浮在水面上。看來在出生的那一刻時，這名嬰兒還活著。

既然是遺體，自然是不會有出生證明或兒童健康手冊了。

解剖結束後，我們會製作「鑑定報告」並交給親屬。鑑定報告書記錄了死者的姓名、出生年月日、死亡地點、死亡原因、死因等資料。鑑定報告書的詳細內容將於第5章詳述。

與此類似，解剖嬰兒後，我們會製作「死胎鑑定書」或「鑑定報告書」。解剖後發現是死產，也就是出生時便已是死胎，便會製作病理報告書；活產，也就是出生的那一刻還活著，就會製作鑑定報告書。然而大多數情況下，姓名欄也只能寫上「不明」二字。

至今我已寫過數次鑑定報告書，檢案書上首先要填寫的就是死者的姓名。想必每個人的雙親都是懷著「希望孩子長成這樣的大人」的心情為孩子取名的吧。但有些孩子連名字都來不及取就離開了這個世界，親眼目睹這樣的現實時，還是很讓人心痛。

## 失業率與自殺率的關係

至此我們所提過的死亡案例中，許多案例的「根本原因」是貧困。「貧困」這個詞與失業問題直接相關。當人們因為疾病、被裁員、公司破產等原因而失去工作，收入突然消失的瞬間，人們將直接面對貧困（即使有接受生活保護制度的保障，問題的本質仍沒有改變）。

由日本厚生勞動省所發表的資料顯示，在2015年，包含失業者與高齡離職者在內的「無職者」佔所有自殺者的59．6％，而「經濟、生活問題」是所有自殺動機的第二名（第一名是「健康問題」）。若以性別來看，男性的自殺率較高，特別是壯年男性的自殺，有很大的比例是因為經濟方面的理由（「精神神經學雜誌」第111卷2009年）。

若只看自殺者的數量，近年量雖有趨緩的傾向，但即使如此，每年還是有兩萬人以上的人自行了斷了性命，平均每天就有50人以上因自殺而死亡。

在東京等擁有監察醫師的地區，自殺的遺體大都會被送到監察組織。當警察看到留有遺書，明顯可判斷為自殺的遺體，多半也不會送到大學的法醫學教室。

而在兵庫縣，除了神戶市以外皆不屬於監察對象區域。在這些地區內的死者，若有證據顯示死於自殺，遺體大都不會被送去解剖。不過如果找不到遺書，難以判斷死者是否為自殺，就有可能會送來法醫學教室。

由我們法醫學教室所調查的資料顯示，自殺案例佔所有案例的約8．9％

（2179例中的193例）。若以自殺方式分類，上吊（縊頸）最多，佔了32．1％（62例）；第二是墜樓，佔了15．5％（30例）。

我們通常是在發現遺體後又過了數日才拿到遺體並開始解剖，對於死者的生前狀況，我們能掌握的資訊相當有限。因此，只靠解剖來判斷死者是否死於自殺是一件很困難的事。

以日本人最常使用的自殺方式——上吊為例，光靠解剖並不能準確判斷究竟是死者自己把繩子套在脖子上，還是被其他人綁住脖子吊起來。

另外，跳海自殺也不容易判斷。即使解剖漂流在海上的遺體，確定死因是「溺死」，我們仍不曉得死者是自己跳入海中，還是腳滑不小心落海，又或者是被其他人強行推下海。光靠解剖，能明白的事情仍相當有限。這部分就只能在之後請警察好好調查了。

但有些事件中，被害人身上有犯人以鈍器毆打的痕跡，之後被迫吞下安眠藥，再被偽裝成上吊自殺，這時就需要我們的診斷來判別真正的死因了。調查死去的人們是因為什麼原因死亡，這就是我們法醫學的工作。

## 人的性命只值500萬嗎？

某日午後，一位35歲左右的男性遺體被送到我們這裡來。他的左胸有數處遭刺傷，由於檢方懷疑是嫌犯不明的殺人事件，故委託我們進行司法解剖。

他的左胸上共有五個刺傷痕跡，每個痕跡皆為3到4公分左右，一看就知道是用銳利刀刃刺入所造成的傷口。而這些傷口皆集中在左胸上某個狹小的區域，除此之外身上沒有任何明顯的外傷。

看到這具遺體時，我不由得鬆了一口氣。

「這恐怕是自殺吧。」

我先做了這樣的判斷。

男子的左胸有五個大小相同的刺傷痕跡，且這些刺傷都是針對心臟。

如果這是第三者的犯行，很難想像凶手能只在左胸上五個地方留下同樣形狀的傷口。當凶手與被害人拿著利刃爭執時，受傷的地方一般不可能只集中在左胸那麼狹小的範圍內。

不過，如果凶手先讓被害者服下藥物，或灌醉被害者，趁對方睡著的時候刺傷他，那又是另一回事了。光是觀察遺體表面，仍無法完全排除男子被第三者殺害的可能。我們該做的應該是檢視遺體所留下來的客觀事實，一一堆疊出死亡的真相。為了不受限於先入為主的成見，我們小心翼翼地開始進行解剖。

打開被刺傷的左胸後，我們看到了五個明顯由刀刃刺入所造成的痕跡。這五個刺傷各個深淺不一，有的傷口很淺，只刺到皮下組織，有的則接近心臟。

到達心臟的傷口只有一個。這也是致命傷。

若死者為自殺，一般身上只會有一個致命傷。造成致命傷之後，便難以再自我傷害。大多數自殺案件的自傷者即使像本案例中的男子般刺出五個傷口，但多數是除了致命傷外皆沒有到達心臟，或者就算有刺到心臟卻沒有造成嚴重傷害的情形。

如果是他殺，心臟上應會出現多個傷口，且犯人與被害人爭執時，犯人會在被害人的手指或身體其他部位留下所謂的「防禦傷」。

該名男性的死因為心臟刺傷所造成的「失血死亡」。我判斷這是使用刀刃造成的「自殺」。

解剖完自行了斷生命的遺體後，我的心中放下了一顆石頭，覺得稍微輕鬆了些。請不要誤會，我一樣認為一條生命的消逝是件遺憾的事，但在確定不是他殺，殺了人後卻逍遙法外的凶手並不存在時，我不由得鬆了口氣。這也讓我再一次體會到法醫是個特殊的職業。

警察的調查顯示，該名男性承受不了負債的痛苦，於是自我了結了性命。原本任職的工廠關閉，沒了工作的他，卻還揹著500萬日圓左右的負債。

揹著負債自殺的人並不少見。我問警察這些人都借了多少錢，奇怪的是，他們借錢的金額大都在500萬日圓左右。這讓我覺得，500萬左右的借入金額，或許就是一個人所能承受的最大負荷了吧，當然這只是我的個人看法。反過來說，只要有500萬日圓，或許就能讓一個處於這種狀況的人免於自殺。

人的性命，只值500萬日圓——這種殘酷的想法在腦中一閃而過。

「貧困之死」。雖然只用一句話來總括，但因貧困而造成的死亡其實有千百種。有些人是因為貧困，得到相關疾病而死去，也有些人選擇自殺。

這是日本的日常，也是可能會在每一個人身上發生的事實。

## 【第1章参考文献及網站】

●厚生労働省　生活保護の被保護者調査（平成28年1月分概数）の結果
http://www.mhlw.go.jp/toukei/list/74-16b.html

●尼崎市生活困窮者自立支援担当・保護第2担当　市長定例記者会見資料「生活にお困りの方に対する『就労支援』の体系について－切れ目のない段階的な就労支援－」
http://www.city.amagasaki.hyogo.jp/dbps_data/_material_/_files/000/000/035/364/2708shiryou.pdf

●WHO「糖尿病についてのグローバルな報告（Global Report On Diabetes）」
http://apps.who.int/iris/bitstream/10665/204871/1/9789241565257_eng.pdf

●国際糖尿病連合（IDF）「糖尿病アトラス 第7版 2015」（Diabetes Atlas 2015）

●内閣府自殺対策推進室「平成27年中における自殺の状況」
https://www.npa.go.jp/safetylife/seianki/jisatsu/H27/H27_jisatunojoukyou_01.pdf

●自殺対策支援センター　ライフリンク「自殺者統計」
http://www.lifelink.or.jp/hp/statistics.html

●厚生労働省「自殺対策白書」（第2章　自殺対策の10年とこれから）
第2節　自殺の状況をめぐる分析
http://www.mhlw.go.jp/wp/hakusyo/jisatsu/16/dl/2-02.pdf

●井上顕、福永龍繁ほか「精神神経学雑誌」第111巻第7号　p．733－740（2009年）／「精神医学・法医学・公衆衛生学等関連各分野の連携による自殺対策―三重県における調査結果と活動報告―」

●上吉川泰佑、西尾元ほか「兵医大医会誌」第40巻　p．65－68（2016年）／「兵庫医科大学法医学講座が扱った自殺症例の検討」

# 第2章

# 孤獨的屍體

# 中暑的恐怖

每天都會有各式各樣的遺體送來我們法醫學教室，其中大多是死了很長一段時間的遺體。有的是在自家死亡，遺體就這麼擺了一個月以上；也有的是數年前就死在山中，直到最近才被發現。在解剖台前面對這些有著悲慘過去的亡骸已是我們的家常便飯。

不過，最近看到這類遺體的頻率逐漸增加。或許是因為獨自生活的人，也就是所謂的獨居者的數量正在逐漸增加。

我們法醫學教室目前的解剖數約是十年前的兩倍。2015年我們總共解剖了320具遺體，資料顯示其中的46%，也就是接近半數左右是獨居者（未公開資料）。由全國統計的資料看來，實施法醫解剖的件數也在增加中。由於沒有人知道獨居者死亡時的狀況，只能當作非自然死亡的遺體進行解剖，故獨居者的增加很可能是全國解剖數增加的原因之一。

依照日本厚生勞動省所公布的「平成27年 國民生活基礎調查概況」，日本的獨居戶，也就是獨居者有1351萬7000戶，佔了所有戶口的26．8%。

與20年前相比，增加了430萬戶，比例上也增加了4．2%。

其中，老年人（65歲以上）的獨居戶增加數最為顯著。1995年時有219萬9000獨居戶，2015年時則是624萬3000獨居戶，足足增加了404萬戶。

最近十年以來，隨著獨自生活的老年人陸續增加，使人們開始重視夏天中暑的預防對策。依照厚生勞動省的統計，2016年的7～8月，全國因中暑而住院的病患有776人。其中61歲以上的有473人，超過整體的6成。2005年時因中暑而死亡的有328人，2015年這個數字卻成為三倍的968人，而創下許多記錄的2010猛暑，更是讓1731人死於中暑（引自厚生勞動省「人口動態統計」）。

除了因為氣候暖化之外，「獨居者增加」或許也是一個原因。

人不只在戶外會中暑，也有許多中暑案例發生在室內。而且麻煩的是，還有不少中暑是發生在晚上睡覺的時候。

若是白天在戶外因中暑而昏倒，會有周圍的人幫忙叫救護車，但如果是一個人睡覺時出現中暑症狀就不妙了。中暑時，體內的水分與鹽分會逐漸流失，使熱量蓄積在體內。若症狀輕微，只會覺得有些暈眩、站不太穩；但症狀嚴重時，會有肌肉痙攣、劇烈頭痛、嘔吐等症狀。若意識開始模糊，連求救都辦不到。

事實上，根據東京都監察醫務院針對東京都23區的調查，2014年因中暑而死亡的人有三成是在夜間死亡，2015年則有兩成。而在夜間因中暑而死亡的人們之中，有九成是在室內死亡，大都是因為家裡沒有開空調的關係。許多老年人可能因為節儉，或可能因為偏好，就算家裡有空調也很少使用。也因此，近年來人們開始注意到所謂的「夜間中暑」，特別是睡眠時的中暑。

## 中暑可能使肌肉溶解

其實，連我們都無法確定送來我們這裡的遺體中，究竟有多少人是因為中暑而死亡。

若死者獨居在家，在死亡後好幾個禮拜才被發現也不奇怪。也就是說，我們在解剖台上看到這些遺體時，遺體通常早已腐敗。用以判斷死者究竟是不是因為中暑而死亡的方法幾乎都不適用。

如果是在還活著的時候被搬過來（當然，這種情況下就不是送到法醫學教室，而是送到醫院），應可發現患者的體溫異常地高，不難判斷是中暑。若救護車送來的患者體溫高達41℃，缺乏臨床經驗的我，也只能想到有可能是急性興奮劑中毒，或者是中暑，並做出這樣的診斷。

然而在人死後，身體便不會再產生熱。這麼一來，不管死者有沒有中暑，體溫都會逐漸下降至與周圍氣溫相當。也就是說，如果周圍氣溫是30℃，體溫也會慢慢下降直到變成30℃為止。如果在解剖時，體溫已下降到與周圍氣溫相當接近，就非常難判斷出死者是否是因為中暑而死亡，多數情況下只能將其診斷成「死因不明」。

這是發生在數年前非常炎熱的8月。一名在自宅獨自生活，被認為在夜晚死亡的70多歲女性被送到我們這裡來。

因為剛好住在附近的熟人來家中拜訪，才發現該名女性已在床上過世。這時，她已死亡三天左右。當然，體溫也已經下降到和外界溫度相同了。該名女性沒有外傷，解剖後也看不出臟器有任何異常。由於不曉得其死因為何，故解剖後我們也只能在屍體檢索書的死因一欄中填寫「不明」，準備交出去。

解剖後我們會用顯微鏡進行檢查，而在我們仔細觀察這名女性死者的臟器時，發現她有一部分肌肉細胞出現溶解的現象（蛋白質正在變性）。

大多數的人體細胞在體溫為37℃左右時仍可保持正常功能，但如果體溫上升得過高，就會出現異變。其中一種異變，就是構成肌肉的骨骼肌細胞因過熱而溶解死亡，使肌肉細胞內的成分流出，並跑到血液內。這種現象叫做「橫紋肌溶解症」。在法醫學教室中，這是診斷重度中暑時極少數可派得上用場的「線索」。

順帶一提，這裡所說的「橫紋肌」，指的就是位於手、腳等，又稱為骨骼肌的肌肉，也是我們一般印象中的肌肉。

不曉得這能不能算是不幸中的大幸，但至少因為這個小小的「線索」，讓她鑑定報告書的死因一欄，從原本的「不明」，改成了「中暑」。

## 獨居造成的死亡

除了中暑的人以外，我在解剖獨居者時，常會有「要是這個人不是獨自生活，或許就不會死」的感覺。

我曾有一次在為60多歲的男性解剖時，發生了這樣的事。

記得當時剛進入12月，這名男性被發現時，倒在透天自宅的地板上。家裡有上鎖，房間沒有弄亂，看來並不是犯罪事件。警察看不出他的死因，故委託我們進行解剖。

他過去並沒有得過重大疾病，身上也沒有內臟相關疾病，在確認到他有本書第一章中曾提過，出現於心臟的特有症狀（心臟左右的血液顏色不同）時，便判斷他的直接死因是「凍死」。然而打聽後發現這名男性並沒有經濟上的問題，自宅內空調也運轉正常。既然如此，為什麼他會在自宅內凍死呢？我怎麼想都不想不到理由。

在無法進一步推測的情況下，我們仍繼續解剖下去。不過在切開腦的時候，我們就馬上明白該名男性凍死的理由了。

因為他的腦部有出血。

腦出血常出現在高血壓患者的身上，而我們已知腦中的數個部位比其他地方還容易發生高血壓造成的腦出血。其中，最常出現腦出血情形的部位是一個稱為殼核的地方。我們在該名男性的腦中觀察到乒乓球大小的出血情形。

雖然是因為腦血管破裂所造成的腦出血，但由這名男性的情況看來，這樣的出血程度還算輕微，一般來說並不會造成死亡。如果當時旁邊有人察覺到他倒在那裡，就能馬上叫救護車過來。若能即時送往醫院治療，應不至於死亡才對。

然而，這個人是獨自居住。腦出血時恐怕已無法動彈，沒辦法自己叫救護車，就這樣倒在房間裡，最後因低溫而凍死。

## 人在死亡時會變成「綠色」

因為獨居生活而死亡——在法醫學的現場看到這樣的案例時，是最容易觸發我們思考什麼是「孤獨」的瞬間。若被問到什麼是「孤獨死」，我想到的會是「一個人獨居生活，卻在沒有任何人察覺的情況下死亡」。

當然，我並不認為獨自生活就一定會覺得孤獨。

要選擇什麼樣的生活，取決於一個人喜歡的生活型態。許多人喜歡充滿自由的獨自生活。雖然家裡只有自己，但只要出門，就能透過工作與興趣與許多人建立人際關係。也有人覺得遠離家人，只需偶爾見個面的生活反而更能加深關係。

只是，一個人生活時，如果自己的身體出了什麼事，身邊沒有人可以立刻伸出援手的風險，確實也比較高。如果能用電話向家人及朋友求救或叫救護車還好，但若碰上突發狀況，可能會嚴重到連打電話都做不到，這種案例並不少見。

如果身體狀況突然變差，並當場死亡，通常會經過很長一段時間才會被其他人發現。死亡後經過的時間越長，隨著屍體腐敗愈來愈嚴重，自然也愈容易被發現。

不曉得在各位讀者的想像中，人類的身體腐敗以後看起來會是什麼樣子呢？除了醫療業、殯葬業、與搜查相關的某些特定職業之外，一般人應該沒什麼機會看到屍體，頂多只有至親或熟識的人死亡時，才有機會在醫院病床，或者是底部放滿乾冰的棺木內看到平躺著的死者吧。也就是說，一般人大多只看過接近生前狀態的遺體。

人類畢竟是生物，在死亡的瞬間肉體便會開始腐爛。「腐敗」是正式的醫學用語，表示在人死後，體內微生物的活動變得活潑，使人體細胞逐漸被分解、腐爛的過程。

或許知道的人不多，人在死後外觀會逐漸轉變成「綠色」。當人體開始腐敗時，從腹部右下方附近開始，皮膚會逐漸變成綠色。這種綠色有點像是苔癬的顏色，正是所謂的「Moss green」。如果是夏天，死後一、兩日就會開始變色，首先是腹部，再來會逐漸往胸、足部蔓延，慢慢往上半身與下半身擴散，約過一個禮拜，全身便會被綠色包覆。

腹部右下方附近是腸道最為膨大的部分。雖然腸道本來就有多處膨起，不過右下腹部附近的迴盲腸部分（大腸與小腸的交界，也是盲腸所在位置），正是腸道的管徑最粗的一段。

或許是因為這個部分最靠近腹部表面，故腸內的變化也比較快反應在身體表面上吧。

## 無法消除的死之「氣味」

並不是所有放著不管的遺體都會出現這種因為腐敗而產生的變色現象。在人死後，隨著遺體放置的環境條件不同，遺體腐敗的速度可能沒那麼快，有些反而還會木乃伊化。

舉例來說，如果是在隆冬之際死亡，且遺體被放置在通風良好的房間內，遺體便會逐漸乾燥，不僅不容易腐敗，還會木乃伊化。當體內水分減少到一定程度，腐敗過程便會停滯不前。順帶一提，「木乃伊化」也是正式的醫學用語。

另一方面，如果是在夏天死亡，只要過一個月左右，遺體便會變成一副白骨。因為一到夏天，蒼蠅的活動會變得更加活躍。在牠們活躍的時期，不管是在野外還是室內，遺體都會被產下大量的卵。

有一次，一具在室內被發現的遺體被送過來。遺體的腐敗程度相當嚴重，到處都可以看到露出來的骨頭。

遺體上有大量的蛆，包括腦在內的各種臟器大多已被啃食殆盡。一問之下，原來是住在附近的人發現死者家的窗戶一片黑，嚇了一跳，並報警處理。蒼蠅在遺體上繁殖的速度相當驚人，產下的卵在孵化、羽化後又會再次產卵，反覆循環後，房間內到處都是飛來飛去的蒼蠅。

當然，也不是沒有喜歡啃食木乃伊化遺體的昆蟲（將在第三章中詳述），故難以一言以蔽之。不過同樣是死亡一段時間後的遺體，冬天死亡的遺體腐敗程度大都較輕微，送來的時候外表較為乾淨；而夏天死亡的遺體送來時，很少有沒長蛆的。

雖然我們已習慣了這項工作，但在解剖腐敗的遺體時，還是會覺得不太舒服。除了視覺上的問題之外，「氣味」也很令人在意。

這話題可能讓人不太舒服。當我們解剖、處理腐敗的遺體時，遺體的氣味成分便會附著、浸潤至我們的毛髮、皮膚內，難以去除。就算我們再怎麼用解剖手術衣包住身體，解剖時的臭氣還是會從縫隙鑽進來，附著在我們的身上。

有一次，我曾想將市面上販賣的除臭劑噴在身上，試試看能不能消除身上的臭味。但除臭劑的味道卻和身上原來的屍臭混在一起，成了難以形容的劇烈惡臭，實在太失敗了。那天當我放棄消除臭味，想要直接搭電車回家時，我一坐上位子，原本坐在旁邊的人便一個個從座位站起。至今我仍記得一位年輕女性皺起眉頭快步離開時的表情。從那時起，我便不再用這些方法消除臭味。

## 霸凌造成的死亡

並不是每個獨居生活的人都會覺得「孤獨」。另一方面，就算是與家人一起生活，或者身處於學校、職場等社交團體內，還是會有人覺得孤獨。如果這樣的孤獨是照著自己的期望而自己營造出來的環境，那也是這個人自己選擇的生活風格。

然而，如果有人想打入圈子，卻怎麼樣都不得其門而入，又會如何呢？若在學校、職場，甚至包括居住地區等自己所屬的社交團體內發生這種情形，會造成精神上的壓力，這種事並不罕見。「霸凌」也被認為是其中一種問題。

文部科學省針對小學、國中、高中、特別支援學校等對象進行了「平成27年度兒童學生之問題行動與學生指導之各項問題相關調查」。由截至2016年3月末的調查結果顯示，「霸凌認知件數」是歷年來最多的22萬4540件，比去年度增加了3萬6468件。而且，這個數字只是學校方「認知到」的霸凌案件。可以想像實際上的霸凌案件數應該比這個數字還要多。

我以前曾經解剖過一名飽受霸凌之苦，而從公寓高處跳下，當場死亡的國中男生。

由於死亡後遺體馬上就被送過來，在我們解剖的時間點，已知資訊相當有限，只知道他沒有留下遺書，故無法否定其他人將他推下樓的可能。於是以「嫌疑犯不明之殺人事件」為由，進行司法解剖。

解剖後確認其死因為「肋骨多發性骨折造成的出血性休克」。沒有服用安眠藥的跡象，跳樓前似乎也沒有與其他人爭執的樣子。

解剖結束後，從死者就讀的學校得知他在學校曾遭到很嚴重的霸凌。或許正因為身處於學校規模的大型團體內，故遭到霸凌而被孤立時，才更覺得孤獨。

順帶一提，從高處跳下，或者被車子撞到等身體受到強大外力作用時，遺體表面會有相當嚴重的損傷。頭部的顱骨、胸部的肋骨、腰部的骨盆等處皆會出現嚴重的骨折。

雖然當我們碰到多處嚴重受損的遺體時，解剖方式、步驟也與平時一樣，但如果外表、皮下組織、骨頭、臟器有損傷，則需要將這些損傷以文字或照片記錄下來。因此與損傷較少的遺體相比，損傷較多的遺體會花上非常多時間處理。

我們有時候會碰到像這種同時有「腦破裂」、「心臟破裂」、「肋骨多發性骨折」等複數死因的遺體。這些死因只要有其中一個就會死亡，因此在處理這類案例時，很難判斷這具遺體的真正死因為何。

就算每一種死因都可能造成死亡，也不能把每一種我們所觀察到的可能死因都記錄在鑑定報告書的死因欄內。

舉例來說，假設在一起事故中，死者在高速公路上被大型貨車輾過身體，遺體的腦與心臟皆已破裂。解剖時發現，心臟不在其原有的位置，而是往頭頸部的方向移動了一些。這表示貨車是從這個人的足部往頭部的方向輾過，並將體內的臟器壓碎。就順序而言，與足部較近的心臟比腦還要早先被破壞，故死因就不是「腦破裂」，而是「心臟破裂」。

## 孤獨死及與酒精相關的死亡

近年來常聽到「孤獨死」這個詞。獨居生活的人在周圍人們未發現的情況下，突然發病或因慢性病而悄悄去世。孤獨死就是這種悲慘的結局。

東日本大地震在岩手、宮城、福島等三個縣造成了嚴重的災情，而在這三個縣的臨時住宅內所發生的「孤獨死」，也是一個很大的問題。截至2015年末，這些地區孤獨死亡的人數為188人，數字在地震後的五年內持續增加中。進行這項調查的共同通信社對於孤獨死亡的定義不怎麼明確，他們向三縣縣警詢問「獨自住在組合屋，被發現時已在屋內死亡」的人數（三縣縣警並沒有明確說明這個數字有沒有包含自殺者，不過岩手縣縣警曾提到「2015年的資料中不包含自殺者」）。

像這種災難受害者的孤獨死問題，也發生在1995年時的阪神・淡路大地震後所興建的災害復興公營住宅而受到矚目。這不僅使獨居老人數目增加，突然的環境變化也使得他們失去了與街坊鄰居的交流，能依賴的人與被依賴的人都消失了，才會產生這樣的結果。

若能召集原本一起生活的家人、街坊鄰居，讓他們住在附近的設施內，可以互相照應，或許就不會有那麼多人孤獨死了吧——偶爾會聽到這種讓人覺得悲傷的想法。

這種孤獨死的案例，似乎常與酒精，也就是酗酒有高度相關。事實上，我們法醫學教室曾解剖過的遺體中，就有三成左右的遺體可從血液中驗出酒精成分。

如果把範圍縮小至常態性持續過度飲酒的人，也就是被診斷為有酒精成癮的人，男性可說佔了壓倒性的比例，而且全都是獨居者。或許是因為獨居生活而養成酗酒習慣，也可能是因為有酗酒習慣導致他只能獨居生活——無論如何，重疊比例之高，不得不讓人覺得兩者之間應有因果關係。而從這些遺體生前的狀況來看，許多人是為了要逃離失業、破產、欠債，或是由職場、友人、家人造成的壓力，因而開始酗酒。

我還記得一個酒精成癮的解剖案例。那是一名50多歲的男性，他在45歲左右時被公司裁員，已有很長一段時間聯絡不上家人，也沒有任何與他親近的朋友。離開工作之後，幾乎每天的生活都沉浸在酒精裡。從他死亡前的半年左右開始，幾乎只靠酒精攝取養分。

在被人發現他於自宅內死亡後，警察便開始調查。聽警察的說法，他的房間內幾乎沒有任何食物，只有許多啤酒空罐，以及燒酒空瓶散落一地。

像這類只靠酒精生活的人，他們的血管通常反而非常乾淨。一般來說，隨著年紀增長，會有動脈硬化的現象，使我們很難找到遺體的血管。或許是因為他除了酒精以外幾乎沒有攝取脂肪類的養分，故血管不容易出現動脈硬化的現象。

若陷入極端的酒精成癮，患者會只從酒精攝取最低限度的熱量，而不像一般人從食物中的蛋白質、脂肪等攝取熱量。由於他們不會吃脂肪含量高的食物，故幾乎看不到內臟脂肪。我曾解剖過的酒精成癮患者一般都相當瘦，幾乎沒有人的皮下脂肪達到3、4公分。若只看身體內部情況，幾乎沒有任何會導致心肌梗塞的因素，甚至看起來還很健康。

## 奪去性命的酮體

這位送到我們這裡來，橫躺在解剖台上的50多歲男性相當瘦，幾乎沒有內臟脂肪。雖然聽起來很詭異，但他用身體證明了，就算只喝酒，人也活得下去

（但並不是健康地活著）。

那麼，他為什麼又會死去呢？

若有人幾乎以酒精作為唯一的營養來源，一旦這個人感冒，身體狀況便會瞬間變得很差。之所以會有這種現象，是體內累積了過多稱為「酮體」的酸性物質。

通常，人們在營養（葡萄糖）不足的時候會開始燃燒體內脂肪，並以其作為能量來源。這時體內會產生大量酮體，代替葡萄糖作為全身細胞的能量來源。最近相當流行的「生酮飲食」，便是要求人們將碳水化合物的攝取量降到最低，使體內產生大量酮體。與此類似，即使是健康的人，只要絕食兩天，血液與尿液就會出現酮體。

由於酮體是酸性物質，若血液中的酮體含量太高，會提高血液的酸性。身體健康時，肺會肩負起調節血液pH值（指示酸鹼性的氫離子指數）的責任。當血液變酸時，會在無意間加速呼吸，積極將二氧化碳排出至體外，以降低血液的酸性。同時，腎臟的運作也會將多餘的酸藉由尿液排出，使血液偏鹼性。

而對酒精成癮的人來說，若因為感冒之類的疾病導致食慾降低，阻絕了其他營養來源的補充管道，會使血液中的酮體異常增加，超出人體pH調節機制的調節範圍。正常情況下，為了使身體能正常運作，血液的pH值會維持在一個相當狹小的範圍內。要是血液中的酮體太多，會讓血液的酸性程度超出這個可正常調節的範圍，使身體無法正常運作。

剛才提到的50多歲男性在解剖結束後，我們又進行了血液檢查，結果發現他的酮體含量異常偏高。另外，這名有酒精成癮症的男性血液中，酒精濃度很低，這讓我們確定他不是因為急性酒精中毒而死亡。

一般來說，因酒精造成的死亡以急性酒精中毒最為人所知。當然，即使是酒精成癮的人，要是一口氣喝下超過致死量的酒，也有可能造成急性酒精中毒。不過，在被送來我們這裡的遺體中，因為一口氣喝下大量的酒，使血液內酒精濃度急遽上升，造成急性酒精中毒而死亡的人卻出乎意料的少。

直接死亡是飲酒的案例相當罕見，相對的，像該名男性一樣，血液中的酒精濃度很低，但酮體含量過高而死亡，或喝得爛醉時走在路上卻因為腳底一滑而跌入池內溺死、在尾牙的歸途中睡倒在馬路中間而被車子輾過死亡、喝酒之後跌下月台死亡等因為喝酒而間接導致死亡的案例佔了壓倒性的比例。這些死因與酒精有間接關係的死亡案例，在我們法醫學教室中稱作「與酒精相關的死亡」。

想到這裡，讓我不由得覺得，如果喝酒時有人陪伴，或者家裡有可以隨時關照的家人，或許就能減少這種「與酒精相關的死亡」了。

## 法醫學與精神疾病

如同至今我們提到的，從獨居者、老年人、失業者、成癮症者的案例中，我們看到了「社會性孤立」案例的增加。站在法醫學現場的角度來看，我認為這和非自然死亡之解剖數的增加應也有所關連。

近年來有一件事讓我很在意。

那就是由我們法醫學教室解剖的遺體中，有28％，也就是接近三成的人罹患了精神疾病這一事實（1442病例中有404例。2009～2015年／未公開資料）。至少送到我們這個法醫學教室來的遺體中，生前患有心理疾病的人們一年比一年多，這是由資料顯示的不爭事實。

通常，為生前罹患精神疾病的遺體進行解剖後，還是很難找出他們的死因。許多案例即使經過解剖，也只能在表格中填上「死因不明」。而且，病患的精神疾病與他們的死因通常也沒有明確的關係。有些案例中，病患長期在醫院的精神科就診，有的病患甚至會服用相關藥物長達十年以上。精神病患所服用的處方藥物中，有時可能會包含有「心律不整」等副作用的藥物，故也不能排除罹患精神病的死者因為心律不整而死亡的可能性。

想知道病患是否心律不整，得看心電圖。但是，就算我們將心電圖儀器接上遺體，螢幕上只會顯示死沉沉的一條直線。即使我們解剖了遺體，也很難診斷出死者是不是因為心律不整而死亡。

曾有一項精神疾病的病例研究，是以我們大學曾解剖過的遺體中，被診斷為自殺的死者作為研究對象。被診斷為自殺的遺體中，17．1％（193個案例中有33個案例）的死者在生前有精神疾病的記錄。沒有精神疾病的死者，其自殺方式大都會選擇上吊；相較之下，曾得過精神疾病的死者則有很大一部是服毒自殺（精神疾病患者為30．3％／非精神疾病患者為5．6％）。

服毒自殺的人多是使用醫院開的處方藥，他們會一次服下過量藥物自殺。雖然我不曉得臨床現場的實際情形，但我認為，為了預防患有精神疾病的人服毒自殺，當醫生需要連續開立長期的藥物處方時，應該要詢問並注意病患家裡還有沒有未用完的藥物。

即使精神科醫生注意到病患沒有按時回診，多半也不會一一定期聯絡吧。

常到精神科報到的患者在某天突然死亡，且在連原本負責為他看診的醫生都不知道的情況下被解剖。這種故事並不少見。

## 精神疾病與刑事案件的距離

而另一個讓我相當在意的，則是精神疾病患者與刑事案件的關聯。

在我們解剖過的案例中，非因疾病或事故死亡，而被認為是他殺的案例約有5％（1548個案例中有81個案例）。這些「他殺」事件中的被害人，約每四人就有一人（23・5％）患有憂鬱症、思覺失調症、失智症等精神疾病。而且，被害人是精神疾病患者的他殺事件中，加害人有八成以上（19個案例中有16個案例）是與被害人關係親近的人，也就是被害人的家人或身邊的人們。

從這些數字可以看出，除了精神疾病患者本人之外，他們的家人也會被所處的社會環境孤立。不僅是治療疾病所造成的經濟問題，病患的家屬們也不容易融入周圍環境的社交圈。當他們承受不住這樣的痛苦與孤獨時，便有可能會引發刑事案件。這或許是因為社會對精神疾病患者與患者家屬的理解不足，心中帶有偏見造成的吧。

2016年7月，神奈川縣發生了一件令人痛心的事件。一名20歲男性持刀闖入該縣相模原市的一家智能障礙設施「津久井山百合園」，造成共19名所內人員死亡，27名人員受傷。

單方面地殺害許多無辜的人，這種事不該發生在我們的社會。

過去在該設施擔任工作人員的加害人，曾被懷疑有精神疾病而被強制住院。然而他在出院後未接受必要照護，且他承諾過會與雙親同住才被允許出院，後來他卻獨居生活。這起事件招來了許多批評，指責強制住院制度不夠完善。

在現今的精神科醫療趨勢，已從將所有病患安置於隔離建物孤立他們，逐漸改為想辦法讓社會整體接受他們、守護他們。我不覺得依靠社會上每一個人的力量來幫助他們這件事有什麼錯。我認為和一個極端病患所引起的事件相比，多數患者以及他們的家屬拼了命地與疾病對抗，社會卻用歧視與偏見對待他們，這才是最不該發生的事。

## 【第2章参考文獻及網站】


●厚生労働省「平成27年　国民生活基礎調査の概況」／Ⅰ　世帯数と世帯人員の状況
http://www.mhlw.go.jp/toukei/saikin/hw/k-tyosa/k-tyosa15/dl/02.pdf

●厚生労働省「年齢（5歳階級別にみた熱中症による死亡数の年次推移（平成7～27年）～人口動態統計（確定数）より」
http://www.mhlw.go.jp/toukei/saikin/hw/jinkou/tokusyu/necchusho15/dl/nenrei.pdf

●厚生労働省「平成28年度熱中症入院患者等即時発生情報」／平成28年7月1日～8月31日の重症入院患者数
http://www.mhlw.go.jp/file/06-Seisakujouhou-10900000-Kenkoukyoku/0000142968.pdf

●東京都福祉保健局　東京都監察医務院「平成27年夏の熱中症死亡者の状況（東京都23区）」
http://www.fukushihoken.metro.tokyo.jp/kansatsu/oshirase/nettyusho27.html

●文部科学省「平成27年度『児童生徒の問題行動等生徒指導上の諸問題に関する調査』結果（速報値）について」
http://www.mext.go.jp/b_menu/houdou/28/10/__icsFiles/afieldfile/2016/10/27/1378692_001.pdf

●河北新報ＯＮＬＩＮＥ ＮＥＷＳ「〈仮設住宅〉被災３県孤独死１８８人」（２０１６年３月１日配信）

●末永正二郎、西尾元ほか「兵医大医会誌」第39巻　p．１１５－１１９（２０１５年）／「法医解剖症例におけるアルコール関連死の検討」

●上吉川泰佑、西尾元ほか「兵医大医会誌」第40巻　p．65－68（２０１６年）／「兵庫医科大学法医学講座が扱った自殺症例の検討」

●西本匡司、西尾元ほか「兵医大医会誌」第39巻　p．83－88（２０１４年）／「阪神間における薬毒物中毒死解剖症例の検討」

●北野圭吾、西尾元ほか「兵医大医会誌」第39巻　p．77－81（２０１４年）／「阪神間における他殺解剖事例の検討」

# 第3章　衰老的屍體

# 腐敗的老人遺體

那一年的殘夏特別炎熱，從我家走到最近的車站只有一小段路，卻已讓人滿身大汗。

我搭上阪神本線前往工作地點的兵庫醫科大學時，在電車內收到了一封郵件。是負責相關事務的警察發過來的解剖委託郵件。一位老人在房間內死亡，但死因不明，想委託我們進行解剖。

剛好這天下午沒有其他行程，故我在回信中寫道下午一點以後可以開始解剖，這時電車剛好駛進我要下車的武庫川站月台。

雖然時間還很早，但外頭真的很熱。又有一個老人因為中暑而死亡了嗎……在步行至大學的5分鐘路途上，我放空腦袋想著這些事。

到了下午，老人的遺體被送了過來，我們像往常一樣聽取負責此案件的警官說明。

解剖記錄上寫著將被解剖的人的姓名、出生年月日、發現屍體的日期時間地點、生前的最終目擊日期時間，以及是否有同住者、是否曾有過重大疾病等資訊。每個地方負責解剖的法醫需填的文件格式各有不同，但該填的資訊基本上都不會差太多。不過，隨著經驗的累積，我們法醫學教室所記錄的項目也在逐漸增加。舉例來說，像是「是否酗酒」、「有無精神科的就診記錄」、「失智症的有無」、「獨居或與人同住」、「是否支領生活保護津貼」等，我們每次都會向負責案件的警官確認這些項目的紀錄。

老人是70多歲的男性。沒有小孩，與妻子兩人共同生活。平常幾乎不會喝酒，也沒有到精神科就診的記錄。此外，因為是在炎夏時期死亡，故也確認了他家室內有沒有冷氣，並發現他家的起居室與寢室確實裝了冷氣。

親眼看到遺體時，遺體腐敗的程度已相當嚴重，看來死後大約經過了一個禮拜。由於遺體沒有明顯外傷，我總覺得不能排除他是因中暑而死亡的可能性。許多老年人都有著節儉的習慣，或許他就是因為捨不得開房間的冷氣才會中暑死亡。

開始解剖後，我發現內臟已腐敗得很嚴重。各個臟器變得很軟，胰臟等器官甚至有一部份開始融解，但肺臟與心臟則沒有明顯的變化。

「看來死後過了相當長的一段時間，屍體腐敗得很嚴重啊……這下大概很難確定死因了。」

我持續在腦中想著各種可能，和我一起進行解剖的醫師開口。

「老師，要打開顱骨了──」

顱骨內的腦早已融得稀爛，完全看不出原本腦的形狀。然而在融得稀爛的灰色腦組織中，有一大片明顯的紅色血跡。血腫，也就是出血的痕跡就留在那裡。看來他是因為「腦出血」而倒下，在自家中嚥下最後一口氣。

## 老老照護之死

那麼，為什麼該名男性明明與妻子同住，在他倒下的時候卻沒有被送到醫院呢？

這個問題也馬上得到了解答。事實上，在解剖開始前，負責這個案件的警官就和我們提過，死者有「精神科家族史」。所謂的「精神科家族史」，指的是該名對象的家人中，有人是精神疾病病患。與該名男性同住的妻子也超過70歲，並患有失智症（失智症亦屬於由「精神科」處理的疾病）。

明明夫妻兩人共同生活，丈夫的遺體卻被放置超過一週，之所以如此，是因為妻子有失智症。發現該名男性遺體的是每兩週至他們家拜訪一次的護理師。

護理師在八月中來過一次，而當月底再度前來拜訪的時候，男性早已死亡多時。

當時，妻子就坐在男子旁邊靜靜的看著電視。她無法理解丈夫已死亡的事實，並與丈夫的屍體一起生活了一陣子。或許妻子認為丈夫只是睡了很久吧。

最近偶爾會在日本新聞中聽到所謂的「老老照護」（日文：老老介護）。說不定有些本書的讀者也正在照顧自己的伴侶或父母。

依照總務省統計局的資料，截至2016年9月15日，日本國內65歲以上的老年人共有3461萬人，佔總人口的27．3%。依照厚生勞動省的調查，2025年時老年人人數將會突破3657萬人，距離老年人口佔總人口三成以上的日子也不遠了。在第2章中我們也曾提到獨居老人正在增加中，隨著核心家庭與獨居老人越來越多，老老照護亦成為了目前社會的一大問題。

依照厚生勞動省每三年一次的大規模調查，「國民生活基礎調查（平成25年）」之調查結果，在自家生活且為「需照護者」，以及該需照護者主要的「照護者」皆為65歲以上之戶數，佔所有家中有需照護者之戶數的比例，皆已達到51．2%以上。換句話說，目前日本家中有照護需求老人的家庭，有一半以上已是老老照護的情形。

日本的平均壽命一年比一年長。2015年時，日本男性的平均壽命為80．79

歲，女性則是87．05歲。依內閣府「高齡社會白皮書（平成26年版）」的預測，2060年時女性的平均壽命將超過90歲，可達90．93歲。

然而另一方面，依照厚生勞動省於2010年時的試算，健康壽命，也就是日常生活中不需接受照護的期間，男性平均為70．42歲，女性則是73．62歲。男女的健康壽命與平均壽命的差分別為10年與13年。

由這些數字也可以看得出來，老老照護中的「照護者」為七、八十歲老年人的案例並不罕見。他們任何時候都有可能變成「被照護者」，甚至有時照護者還會比被照護者還要早死亡。

若被照護者有嚴重失智症，難以掌握當下狀況，或者因為腦中風而一直臥床，當照護者因為心臟或腦的突發疾病而倒下時，便沒有人能向人尋求協助。或許令人難以相信，但某些案例中，甚至有人和已經白骨化的遺體一起生活了好一陣子。

同時，被照護者沒辦法尋求他人協助，要是就這麼放著不管，被照護者沒辦法自己準備食物，也沒辦法吃藥，很快就會跟著照護者離開人世。這種讓人遺憾的事，正在日本各處持續發生中。

在剛才提到的案例中，妻子可以在還活著的時候被發現，已經是件很幸運的事了。我本身已見過數起老老照護的案件中，夫婦遺體一起被發現。在老老照護的情況下，照護者的死亡，也會直接造成被照護者的死亡。

## 老老照護下的意外死亡

一位80多歲的男性遺體被發現時倒在自家公寓的浴室內。該名男性正在照護患有失智症的70多歲妻子，正是老老照護中的典型例子。即使如此，他仍抱著奉獻的心照顧妻子，就算年紀越來越大，兩人的感情仍相當和睦，常受到附近居民稱羨。

在某個初夏之日，男性的遺體被送來我們這裡。

男性的遺體在兩人一起生活的公寓浴室內被發現，當時浴缸內的男性已沒了呼吸。從現場的狀況看來，死因應為「溺死」。

但聽了警察的說明後，才知道事實比想像中還要離奇。

雖然詢問還活著的妻子事發原因，也得不到答案，不過看來似乎是妻子泡澡完後要從浴缸起身時出不來，丈夫想要幫她，卻滑了一跤跌進浴缸。而且跌進浴缸時，丈夫剛好被壓在妻子的下面，就這樣沉在水底。妻子的身軀就像重石般壓住丈夫，導致丈夫溺死。

因為一直連絡不到這對夫婦而擔心他們的親戚報了警，當警察來到公寓，發現這對夫婦時也相當驚訝，那時丈夫泡在浴缸底部，而妻子則是坐在丈夫上面。就結果來說，拜丈夫之賜，妻子免於被溺死，聽起來真是令人難過。

在老老照護的案例中，照護者也必須和自己年年衰退的體力對抗。人們要控制自己的身體，比想像中還困難。

這個事件正反映了老老照護的嚴峻現實。

在浴缸內的妻子需要其他人的幫助才能站起來，而這個浴室恐怕是個狹窄，不安定的空間吧。

80多歲的男性幫助患有失智症的妻子入浴——這在過去那個三代同堂隨處可見的時代是很難想像的畫面，但現在卻是許多人日常的一部份。長年陪伴身邊，抱著奉獻的心照顧對方，換來的卻是「因照顧意外死亡」的結局，這實在太過諷刺。

另一方面，留下來的妻子也不曉得該怎麼辦。她的丈夫是她唯一的支柱，也為她而死。但，她恐怕已無法理解這些事的意義。就算我將鑑定報告書拿給她看，她大概也看不懂吧。

憾。

雖然這是工作，但在看到遺體背後令人悲傷的故事時，我還是會覺得很遺

## 失智症與死亡

日本患有失智症的老年人在2012年時有462萬人，依照厚生勞動省的估計，到了2025年時這個數字會成長到700萬人左右。這暗示了未來65歲以上的老年人中，可能每5人就會有1人是失智症患者。

在我們的法醫學教室，每年解剖的失智症患者遺體也年年增加。在2009到2015年間，我們共解剖了1442個案例，其中確定有失智症的遺體有68個案例，約為4．7％。而且在這段期間中，失智症患者的比例有逐年增加的趨勢。

失智症患者多半在醫院或相關設施內死亡，很少有案例會送到我們這裡來。一般而言，老年人除了少數是在自宅或道路上因意外而死亡之外，大都是「病死」，而許多失智症老人病死的原因則是「肺炎」。

在我們解剖過的失智症患者中，死因被診斷為「病死」的遺體，有很大的

比例是因為「肺炎」而死亡。不過，我們解剖過的失智症患者中，死因被診斷為「病死」的遺體，卻只佔了失智症解剖案例的兩成左右。

那麼，除此之外失智症患者還有哪些死因呢？

較常見的包括「溺死」、「凍死」、「交通事故死亡」等。當失智症越來越嚴重時，許多患者一出門便回不了家，而是四處遊蕩，並被捲入各種意外。事實上，在四處遊蕩，或行蹤不明時，「溺死」、「凍死」、「跌倒、自高處跌落死亡」、「交通事故死亡」等死因，共佔了失智症患者之解剖案例中的近三成。

曾有一次，在我們負責區域內的某處河岸發現了一具「凍死」的男性遺體。他的身上沒有攜帶任何可辨別身分的物品，警察一開始將其作為凶手不明之殺人事件處理，並委託我們為他的遺體進行司法解剖。

在我們進行解剖的途中，警察們也著手調查該名死者的身分。由於這名男性的家屬曾提出過搜索申請，故馬上就查出了他的身分。他住在距離遺體發現地點徒步可抵達的範圍內，是一名80多歲的失智症患者。

恐怕他是一時興起而出門，卻在途中迷路，不曉得自己身在何處吧。當時正值隆冬，他的身上卻沒有足以禦寒的衣物。

在寒冷的天空下，或許他連自己在哪裡、甚至自己是誰都不曉得，只能不安地四處遊走。

如果由我們解剖的遺體在生前患有失智症，那麼在我們寫解剖記錄時，除了死因之外，也會記錄死者死亡的地點與居住地點的距離。

從至今曾記錄過的案例來看，於失蹤時死亡的人，他們的遺體大多在徒步可及之處，也就是在大約離住處五公里的範圍內被發現。前面提到的男性在死亡後，他的遺體也是在距離住處只有兩公里的河邊被發現。就算離家不遠，他也不曉得該怎麼回家。當然，有時候也會出現離住處30公里遠的案例。沒有人能確定死者怎麼移動到那麼遠的地方，然而他在高速公路上迷了路，最後被卡車輾過身亡。

近年來，偶爾可以在電視新聞上看到這類四處遊蕩的老人遭遇交通事故。

2007年時，一名患有失智症的愛知縣男性（當時為91歲）在出門遊蕩時被電車輾過身亡。JR東海向家屬提起訴訟，並求償720萬日圓的賠償金，當時稱「JR東海失智症事故訴訟」。2016年3月時，最高法院廢棄了二審判決，改判JR東海敗訴。

當時被追究賠償責任的是男性死者的「照護人」，包括與他同住的妻子以及住在橫濱市的長男。事發當時，妻子的年齡為85歲，死者也被認定為具有「照護需求」，這正是同時包含了失智症照護以及老老照護的遺憾事故。對於妻子與住在遠方的長男，最高法院則判斷「家屬無監督責任」。

85歲的妻子要照顧91歲的丈夫，而且丈夫還有失智症，連自己所在位置都無法掌握，這實在不是件容易的事——即使丈夫只會走到數公里遠，只靠家屬仍不容易掌握他的行蹤。

這名男性死者的長男後來說了這樣的話。

〈我認為當時的父親是有目的、有意識地在行走。各家媒體報導所使用的『遊蕩』一詞，會給人錯誤的印象〉（出自2016年6月12日出刊 朝日電子報）

死者在這之前也曾經離開自宅，並走到以前曾工作過的農會或老家。因此，他不是沒有目的的四處遊蕩，他走過的地方都是在他自己的人生中曾經留下足跡之處。失智症患者的外出在旁人的眼光中容易被粗略認定為「遊蕩」，但或許那其實是本人在強烈動機下付諸的行動。

## 失智症患者的意念

接著要提的是一件最近發生的事，一位患有失智症的60多歲女性被送到我們這裡來。她出門後在自家附近的山中散步，但卻不曉得回家的路怎麼走，並在打手機聯絡家裡的人之後失蹤。一週後，有人在山裡的小河旁發現已死亡的她。

她的頸部骨折，恐怕是從山中某處跌落時造成的吧。同時，由於死因似乎是凍死，故她在骨折後應該還生存了一段時間，直到束手無策，才凍死在那裡。

如同「JR東海失智症事故訴訟」中家屬的發言，在他人的眼中，或許死者看起來只像是毫無目的的到處步行遊蕩。但就死者本人而言，在散步之後確實出現了想要回家這個念頭。「想要回家」——就算有這個念頭，卻不曉得自己在哪裡，也不知道該往哪個方向走。這就是失智症的恐怖之處。

如同前述，失智症患者的死亡原因多為「病死」，而其主要死因則是「肺炎」。至於為什麼是肺炎，是因為失智症的患者腦部會逐漸萎縮，這使病患最後會呈現臥床狀態。進入臥床狀態後，吃下的食物容易經由氣管跑進肺內，結果就會造成肺炎，並導致死亡。反過來說，即使有失智症的症狀，如果病患還能動，就表示身體的運動機能還沒有退化。

當腦部因為失智症而開始萎縮時，感情起伏也會變得比較激烈，學習能力則會下降，並會開始忘東忘西，「正常生活」所需的技能也會逐漸生疏。當腦部萎縮情形加重時，手腳等部位的運動中樞也會越來越小，接著慢慢進入臥床狀態。到了那時，身體已很難照著自己的想法運動。

在事態演變至此前，如何面對病患逐漸凋零的意識，是失智症患者的家屬的一大課題。

## 身體的自然老化

解剖老年人的遺體時，肉眼就可以看到「肉體的老化」是怎麼一回事。當然，每個人的狀況還是有個別差異，然而隨著歲月流逝，每個人的身體都會出現老化現象。

解剖的時候，我們一定會取出主動脈。主動脈是指從心臟左心室的部分開始，往胸腔、腹腔、足部等方向延伸，來到下腹部的分岔點，之後分為左右各自往雙腳延伸。我們會將取出的主動脈剖開，觀察內側。隨著年歲增長，內側會出現動脈硬化的痕跡（肥厚斑塊）或鈣化痕跡。如果情況嚴重，在我們用剪刀切開大動脈的時候，還能聽到嘎哩嘎哩的聲音。

在測試主動脈有沒有彈性時，會以雙手分別抓住切下來的主動脈兩端，往左右兩邊慢慢拉開。年輕人的主動脈會有一定程度的伸縮，但有動脈硬化現象的老年人，則幾乎沒辦法拉開。

此外，由腹部的X光照片也可以看出人的年齡。年紀大的人，上下相疊的脊椎骨之邊緣會出現棘狀突起，這又叫做骨刺。年輕人的脊椎骨大致上為四方型，且沒有骨刺。

人的腦也會變老。要取出腦時，會先把頭皮剝下，再使用醫療用電鋸將顱骨切開，將頭部上側骨頭打開。可能有些人以為打開顱骨後就可以看到腦，但其實腦的表面還有一層堅硬、白色的膜（硬腦膜）覆蓋著。以手術刀切開硬膜並剝開後，便可以看到原本與硬膜緊緊相連的腦部表面。

大腦表面有著扭曲狀的隆起結構，稱作腦回。而腦回結構之間的凹陷則稱作腦溝。

打開失智症患者的腦時，可以看到他們的腦回較細，因此腦溝明顯較大。

當大腦本身逐漸萎縮時，表面會與顱骨內側分離，形成一層空隙。在我們出生後，腦的重量會隨著年齡逐漸增加，但不論是誰，到了一定年齡之後神經細胞便會開始減少，使腦重量越來越輕。而失智症患者的腦則又會變得更輕。

## 腐敗、白骨化、木乃伊化之遺體的去向

常有身分不明的遺體送來我們法醫學教室。其中也有不少是腐敗、白骨化，或者是木乃伊化後的遺體，死亡後沒有被任何人發現，就這樣放了很長一段時間。

我想在這些遺體中應該也有不少人生前是失智症患者吧。

依照警察廳生活安全局所發表的「平成27年之失蹤人口狀況」報告，當年受理的失蹤人口案件共有８萬２０３５人。其中70歲以上的老年人所佔比例高達20．３％。近年來，每年失蹤人口數大約都在８萬至８萬５千人左右，然而老年人的失蹤人數從２０１３年以來卻年年增加。

關於他們失蹤的原因，有１萬８３９５人（全體的22．４％）是因為疾病造成，比例最高。而其中是因為失智症而失蹤，或者有此疑慮的案例則有１萬

2208人（全體的14．9％），且這個比例從2012年開始也在陸續增加。

當然，這個數字畢竟只是「有受理報案」的失蹤人口。考慮到近年來獨居者的增加，想必也有許多沒有通報的失蹤人口。這表示每年都有1萬人以上罹患失智症的老人失蹤。

罹患失智症的老人會在家人沒注意到的時後外出。如果只是在住家附近，有認識的人可以幫忙看著，但如果像剛才提到的女性般一個人跑進山裡，很有可能會偏離登山步道而迷路、力盡而亡，遺體被發現時可能早已白骨化、木乃伊化。

不管是在哪裡死亡，要是將遺體就這麼放著一個禮拜，便會有一定程度的腐敗。如果是在天氣炎熱的戶外，昆蟲及動物更會加速屍體的破壞，不用一個月就會變成一副白骨。

腐敗的遺體，或者是白骨化、木乃伊化的遺體被發現後，警察通常會先確認與刑事案件有無關聯再送到我們這裡來。然而只剩下骨頭和皮膚的遺體，就算解剖也難以斷定死因為何。

即使如此，變成這副模樣的遺體還是可以透漏出一些資訊。像是可以從骨頭的形狀推論死者的性別、年齡，也可以從長骨（位於四肢的骨頭）的長度推測死者的身高。

最近也有越來越多的案例是從死者的骨頭及指甲採取ＤＮＡ，藉此鑑定身分不明之遺體之身分。

原本採取ＤＮＡ時需要血液內的白血球，因為沒有細胞核的紅血球，血漿只是液體成分，沒有辦法用來作ＤＮＡ分析。然而死亡一段時間後，遺體上可能一滴血也不剩，這時，我們會將死者使用過的牙刷、眼鏡、鞋子內的鞋墊等物品送往ＤＮＡ鑑定，附著於其上的皮膚細胞或汗液可能含有的ＤＮＡ，也可做為識別遺體的依據。

在15、16年前，ＤＮＡ的鑑定仍需拜託擁有許多精密儀器的大學等設施進行，不過現在警察的科學搜查研究所（科搜研，相當台灣警政署刑警局鑑識中心）就可以進行較簡單的鑑定工作。因此，在我們進行解剖的同時，警察也會調查死者身分，而科搜研則負責進行ＤＮＡ鑑定。

## 啃食遺體的昆蟲

具體來說，解剖死亡後一段時間的遺體可以得到多少資訊呢？

在我還在另一個大學法醫學教室工作時，曾有個木乃伊化的遺體送過來。遺體的皮膚乾燥而漆黑，光從外表實在很難想像生前的遭遇。從骨骼與體格來判斷，幾乎可以確定這是一名男性的遺體，感覺他大約死亡三個月左右。

他的遺體在一個理應沒有人居住的公寓房間內被發現。

當我將手術刀切入遺體時，原本塞滿他腹部的鰹節蟲蜂湧而出。名字聽起來很奇怪，依照《原色日本甲蟲圖鑑（Ⅰ）》（原色日本甲虫図鑑）的說明，鰹節蟲科的物種命名由來如其名所示，會以鰹節（柴魚乾）為食造成農損，故以此命名。種類繁多的鰹節蟲會以乾燥後的動物性蛋白質、絲織品、毛織品等動物纖維，以及皮革製品為食。乾燥後的屍體也是這類昆蟲喜歡的食物。

在我們打開這個木乃伊化遺體的腹部時，發現裡面的臟器全都沒了，取而代之的是塞滿胸部和腹部的大量鰹節蟲。看來他的臟器似乎都被這些鰹節蟲吃光了。

若遺體腐敗程度嚴重，或者是已經白骨化、木乃伊化，便很難判斷其真正的死因。這是因為可做為判斷死因之依據的「特徵」，也就是臟器已經受損了。

因此，要診斷這個遺體的死因極為困難。不過在解剖過程中，從旁剝下頭皮的醫師說道：

「有出血的痕跡呢。」

在頭髮已掉光的頭皮底下，發現了一個狀似衣魚的紅褐色痕跡。通常，頭皮底下是一整片白色，不過因為這名男性已經木乃伊化，故這裡也變成一片黑。但其中一部分呈現紅褐色，看起來像是乾掉的血跡。

我們懷疑這名男性在生前，頭部某處曾遭重擊。然而他的顱骨上沒有看到骨折情形，故也無法判斷是否為外傷性出血。雖然我們懷疑有腦出血的可能性，但在已成爛泥狀的腦內卻沒有留下血塊。

最後我們做出的診斷為「死因不明」。我們判斷這個出血痕跡應該不是由外傷造成，且應不是該名男性的死因。

不過，即使無法判斷真正的死因為何，藉由解剖找出遺體所留下的「特徵」也是很重要的一件事。事實上，在這名男性的案例中，我們將頭部的出血痕跡記錄在鑑定報告書上，而這在之後也成為了警察解明整起事件的重要關鍵。

## 曾遭受暴力的遺體

解剖完這具遺體後，過了一陣子，警察送來了一份關於這名死亡後木乃伊化男性的相關報告。

警察調查死者身邊的人時，找到一名相關人士。在發現遺體的數個月以前，這名相關人士曾與男子在同一個工地工作。根據他的敘述，該名男性在開始工作的兩週內，每天身上都會帶著有大片瘀青，在工地現場曾引起過一陣騷動，由於男性表示不是因為工作而受傷，隨著彼此逐漸熟識，瘀青就像是男性的一部份，大家也漸漸不再去關注他的瘀青。

然而，就在那時候，男性突然開始缺勤，再也沒有人在工地現場看到他。

事實上，這個「瘀青」正是造成他死亡的原因。

請各位別小看瘀青。瘀青在醫療用語上稱為「皮下出血」。有研究明確指出，當瘀青佔體表面積達到20～30％時，很可能會造成「急性腎衰竭」。以下說明可能有些艱澀，簡單來說，就是體內肌肉受到外部衝擊後，肌肉會將「肌紅素（肌肉內某種色素蛋白）」釋放至血液內，而肌紅素對腎臟具有毒性，會引起腎衰竭。也就是說，若被毆打、或遭到猛烈撞擊，使肌肉受到大範圍的傷害時，肌肉會釋放肌紅素至血液中，可能在數週內便會引起急性腎衰竭，嚴重時甚至會導致死亡。

從該名男性的同事說法聽來，該名男性似乎在這兩週內每天都會受到暴力對待。或許在他無法上工後的數日內就死亡了。

而隨著屍體木乃伊化，瘀青的痕跡也跟著消失。可以看出該名男性曾被暴力對待的，只剩下解剖時發現的頭皮下出血痕跡。

在那之後找到的嫌犯是死者認識的一名男性。這名嫌犯曾借錢給死者，卻因為死者拖延還錢而對他施以暴行。

嫌犯每天毆打死者的上肢和腹部，不僅如此，還多次用啤酒瓶敲打死者的頭部。這種情況約持續了兩個禮拜後，死者突然倒下，就這樣死亡。承受了嚴重暴力行為的死者在死去之前，恐怕出現了急性腎衰竭的現象，除了強烈的倦怠感外，排尿機能也會隨之停止。

被逮捕的嫌犯因傷害致死罪而被判了有期徒刑。

在這個案件中，我們雖沒有辦法藉由解剖診斷出死者的死因，但根據解剖所獲得的資訊，卻成為了破案的關鍵。

我們會盡最大的努力，為各種狀態下的遺體進行解剖。但時間拖越久就越難判斷死因，也是事實。

## 老人院內的死亡

有些老人因老化或疾病，使得他們沒辦法獨居生活，就算請看護到自家照顧也有些困難，故只能到所謂的「老人院」或者類似的照護設施過生活。這樣的老年人正在逐年增加中。

目前日本國內的照護保險設施包括7551個「老人安養福祉設施」、4189個「老人安養保健設施」、1423個「照護療養型醫療設施」（資料引自厚生勞動省「平成27年照護服務設施、營業所調查之概況」）。

像老人院這種住著許多老人的設施，死亡的發生相對頻繁。當然，因病而死的例子佔了壓倒性的多數，不過有時設施內也會發生意外事故或刑事案件，導致居住者死亡。而他們死後，遺體則會被送到我們法醫學教室。

有些人在用餐時因食物噎住喉嚨而窒息。

有些人在洗澡時於浴缸內溺死。

有些人在使用電動照護床升起上半身時，頭被夾在床旁設置的柵欄和床墊之間，窒息而死。

發生這樣的事故時，警察有時會需要調查設施人員有沒有管理上的責任。究竟這是難以防範的偶發性意外，還是照護者的不小心，甚至是蓄意造成。解剖遺體以確認死因，也是一種確認是否為刑事案件的方法。

警察在判斷於養護設施內死亡的死者是否要進行解剖時，需考慮家屬的意願。如果設施工作人員的應對與資訊揭露不夠充分，使親屬產生強烈不信任感，警察就需要更加慎重的調查死因。

曾有一起事故發生在老人照護設施內，死亡的是住在該設施的一名80多歲女性。負責照護的職員原本要協助該名女性洗澡而將她抱起移動，卻不小心將她摔到地板上。

死因為「頸椎骨折所引起的急性呼吸衰竭」。死者的頸部骨折後，無法呼吸而死亡。頸椎內有一條從腦延伸出來的大型神經結構，也就是脊髓的頸髓。當頸椎骨折時，頸髓的功能也會癱瘓。要是骨折傷到某些特定部位，也可能使傷者無法操控橫膈膜，引起呼吸衰竭。

然而，類似這種意外事故究竟是因為職員的不小心造成，還是單純的偶發事件，就不是我們可以判斷的了。我們能做的就只是將客觀事實呈現出來，讓警察能夠進一步調查而已。

「世界第一高齡社會」——這是日本長久以來的稱號。在2016年的時間點，世界各主要國家的高齡化率（65歲以上人口佔總人口的比例）中，日本也確實是第一名。健康而長壽是一件很美好的事，但在享有長壽的同時，也可能會誕生新的不幸。

我衷心希望所有老人都能夠安穩地迎接生命的最後一程。

## 【第3章參考文獻及網站】

●総務省　報道資料　統計トピックス№97「統計からみた我が国の高齢者(65歳以上)」
http://www.stat.go.jp/data/topics/pdf/topics97.pdf

●厚生労働省「今後の高齢者人口の見通しについて」
http://www.mhlw.go.jp/seisakunitsuite/bunya/hukushi_kaigo/kaigo_koureisha/chiiki-houkatsu/dl/link1-1.pdf

●厚生労働省「平成27年簡易生命表の概況」／1　主な年齢の平均余命
http://www.mhlw.go.jp/toukei/saikin/hw/life/life15/dl/life15-02.pdf

●厚生労働省「平成25年 国民生活基礎調査の概況」／Ⅳ　介護の状況
http://www.mhlw.go.jp/toukei/saikin/hw/k-tyosa/k-tyosa13/dl/05.pdf

●内閣府「平成26年版高齢社会白書」／平成25年度　高齢化の状況及び高齢社会対策の実施状況／第1章　高齢化の状況／1　高齢化の現状と将来像
http://www8.cao.go.jp/kourei/whitepaper/w-2014/zenbun/pdf/1s1s_1.pdf

●厚生労働省「平成26年版厚生労働白書 健康長寿社会の実現に向けて～健康・予防元年～(本文)」／第1部　健康長寿社会の実現に向けて～健康・予防元年～／第2章　健康をめぐる状況と意識(43～131ページ)
http://www.mhlw.go.jp/wp/hakusyo/kousei/14/dl/1-02-1.pdf

●厚生労働省「認知症施策推進総合戦略(新オレンジプラン)～認知症高齢者等にやさしい地域づくりに向けて～」
http://www.mhlw.go.jp/file/06-Seisakujouhou-12300000-Roukenkyoku/nop1-2_3.pdf

●朝日新聞デジタル「『一生懸命介護すれば理解される』JR認知症訴訟の遺族」(２０１６年6月12日配信)

●大塚洋輔、西尾元ほか「日法医誌」第70巻　p．85(２０１６年)／「法医解剖における認知症既往者の観察研究」

●警察庁生活安全局「平成27年中における行方不明者の状況」
https://www.npa.go.jp/safetylife/seianki/fumei/H27yukuehumeisha.pdf

●『原色日本甲虫図鑑（Ⅰ）』編著者　森本桂、林長閑／保育社／１９８６年

●厚生労働省「平成27年介護サービス施設・事業所調査の概況」／施設・事業所の状況
http://www.mhlw.go.jp/toukei/saikin/hw/kaigo/service15/dl/kekka-gaiyou.pdf

# 第4章 死亡的階級

# 人類死後會變成什麼樣子呢？

假設現在，死亡降臨在你身上。

你是否有想像過，死亡之後身體會發生什麼變化呢？

人類的「死亡」，同時也代表「心臟停止跳動」。這麼一來，原本循環全身的血液也會停下來。停止循環的血液會在重力的影響下順著血管流動，聚積在身體的低處。

舉例來說，如果死亡時呈現仰躺狀態，血液就會逐漸聚積到身體背側，使背側皮膚底下出現大片若隱若現的瘀血。在死亡一小時之後，瘀血的顏色會變得很明顯，從皮膚外側就可看得一清二楚，這就是所謂的「屍斑」。

在死亡四、五小時後，血液會滲漏到血管外側。在出現屍斑之處，紅色的血液會滲透到脂肪等的皮下組織中，而血液內所含的色素也會逐漸固定於此。八到十二小時後，沉積於此的紅色便會完全固定住，在這之後，已固定的顏色便不會移動。

我們進行解剖的時候，會用「手指」確認當時遺體的顏色有沒有固定住。

若屍斑剛形成不久，用手指按壓時，該處的顏色會變淡。因為這時血液仍可在血管內移動，以手指按壓時會使該處血液沿著血管移動至別處。但如果血液內的色素已沉積在血管外的組織內，以手指按壓時顏色便不會有變化。在長年經驗累積下，我們只要用手指按壓屍斑，並觀察顏色變化，某種程度上就能知道死者已死亡多久。

舉例來說，若某具遺體軀幹部分的背側與腹側都有屍斑。由於屍斑不可能抵抗重力的影響，出現在屍體的上方，故從這個遺體的外觀看來，應是死者死後，血液流至血管外組織中並開始沉積在身體的一側，然而在死後數小時內血液仍有一定程度的流動性，遺體在這段時間內被翻面，使血液沉積在另一側。

如果這是殺人事件，就表示遺體在死後一段時間內曾被翻面過。這些資訊恐怕只有犯人才知道，可用來引導犯人「自曝秘密」。若在訊問犯人時，引導犯人說出在死者死亡5～7小時後曾改變過遺體姿勢，便可能成為破案的關鍵證據。

像這種同時出現在屍體兩側的屍斑，我們稱作「兩側性屍斑」。

舉例來說，死者可能在倒下時呈現趴著的樣子，死亡後5～7小時內卻因為某些原因而使遺體變成仰躺，這時所出現的兩側性屍斑便暗示死者死亡時與遺體被發現時的現場狀況有所變化。曾有個例子是死者是在自家倒下時趴著死亡，家人發現時卻將他的身體翻成仰躺，而這時剛好是死亡後的5～7小時間，故屍體軀幹的腹側與背側皆有屍斑。在某些案例中，也因為屍體有兩側性屍斑，使我們能更精確地推斷出死亡時間。

另外，某些案例中，我們可以藉由屍斑的顏色推測出死因。「氰化物中毒」或「一氧化碳中毒」時，血液顏色會變得比平常還要鮮艷（稱作「鮮紅色」），故屍斑的顏色也會比一般的還要紅。另一方面，10年前左右許多人藉由「硫化氫中毒」自殺，他們遺體上的屍斑則接近綠色。屍斑的顏色，也就是血液的顏色，取決於與紅血球內的血紅素結合的化學物質。當血紅素與一氧化碳或氰化物結合，會呈現鮮艷的紅色；與硫化物結合時，便會呈現接近綠色的顏色。

雖然屍斑在鑑定死因的時候相當有用，但也有幾個案例讓我覺得相當棘手。那就是解剖全身刺青的人，以及黑人留學生的遺體的時候。

有刺青，特別是和彫（日本特有的刺青類型，色彩鮮豔、圖案複雜），這樣的遺體，屍斑會因為繪畫的顏色而變得亂七八糟，難以判斷到底哪裡有屍斑，又是呈現什麼顏色。另外，由於黑人留學生的皮膚是深褐色，故很難一眼就看出肌膚底下有沒有屍斑。在我所讀過的法醫學教科書內都沒有介紹到這類案例，因此現場累積的經驗更顯重要。

在本章中，將以「死後」發生的事為主軸，敘述各種可能發生的情形。這些情形中也有所謂的「階級」存在，我們將於後文一一說明。

## 推斷死亡時間

死亡後肉體還會出現一種代表性的變化，就是「死後僵直」。

人類死亡後，在肌肉內發生的化學變化，會使關節變得難以活動。當然，讓關節活動的並不是關節的主人，而是法醫。在死亡之後，肌肉的僵直通常會順著顎、頸、肩、肘、手腕、手指、髖關節、膝蓋、腿、腳趾的順序，從身體上方到身體下方，使各處關節逐漸僵硬，過了半天左右，所有關節就會硬到無法移動。就算我用上80公斤的體重去扳動遺體的肘關節，也沒辦法把它伸展開來。

在法醫學的現場，我們需記錄每個關節的僵直程度。藉由哪個關節僵硬到什麼程度的資訊，我們可以推斷大致的死亡時間。若肘關節的僵直程度很嚴重，但手指關節的僵直程度還很輕微，輕輕扳動便可拗折的話，就表示死亡後約過了六小時左右，且不超過半天……由此便可預測出死亡的時間。

肌肉僵直的現象大約會持續一天，接著會慢慢舒緩（稱作「緩解」）。死後過了三、四天之後，肌肉會變得鬆垮垮的，恢復到完全沒有施力的狀態。

不過，這種變化畢竟是由肌肉的化學反應造成，故肌肉量多的人僵直的情況也比較嚴重，而肌肉量比較少的老年人僵直情形就比較輕微。此外，若在氣溫較高的夏天死亡，化學反應的速度較快，故僵直的進度也會比較快，冬天則相反。而如果是在運動時突然死亡，由於肌肉仍在活動中，故會出現快速且強烈的僵直反應。

換句話說，死後僵直受個體差異及環境的影響很大。再怎麼說，由死後僵直所推斷出來的死亡時間也只能算是「大致時間」。

另一方面，與屍斑及僵直比較起來，死後的體溫變化比較不會受到其他因素影響。故如果死亡後沒過多久，用體溫變化來推斷死亡時間也是一種相對有效的方法。

在第2章中曾提過，死亡後身體便會停止產熱，故體溫會逐漸下降，直到與外界氣溫相同。舉例來說，如果外界氣溫是22℃，而遺體的直腸溫度是23℃，就表示體溫已降到幾乎不會再降了。

當然，體溫下降的速度會隨著遺體放置的環境與遺體的體格而有所差異，不過在相對標準的條件下，一個小時下降的幅度略小於1℃。只要充分考慮到各個季節時的氣溫變化，在體溫降至與氣溫相同之前，仍可粗略判斷死亡後經過的時間。

「屍斑」、「僵直」、「體溫下降」等，在法醫學中皆稱作「早期屍體現象」。這些都是在死後相對較短的時間內，於肉體上可觀察到的現象，也是警方進行搜查時的重要依據。

假設某個人在一間公寓房間內悄悄死去。他的背上出現了屍斑，且用手指按壓他背上的屍斑時，屍斑幾乎不會移動。外界的氣溫為15℃，而他的直腸溫度為25℃。包括手指關節在內的全身關節都有嚴重的死後僵直。考慮到這些早期屍體現象，可以推斷死者死亡時呈現仰躺姿勢，死亡後大約過了半天。

另一方面，在第2、3章中談到的「腐敗」、「木乃伊化」、「白骨化」等「一看就知道」的現象，稱為「後期屍體現象」。要從這些現象鑑定死亡時間，需考慮到氣溫、濕度、通風程度等各式各樣的因素才行，故只能以長年累積的經驗為基礎，觀察遺體受損的程度來判斷死亡時間。在這層意義下，死亡後遺體能越早被發現越好。若能在早期屍體現象仍存在的時間內發現，死因及死亡時間的判斷都會更加容易。

像這樣成天埋首於觀察死後肉體的變化，以究明死因，正是我們法醫學者的「日常業務」。

## 日本「法醫解剖」真實狀況

會送到法醫學教室進行解剖的屍體，一言以蔽之，就是所謂的「異狀屍體」。除了在死亡當下被醫師診斷為「病死」的遺體之外，在外因下死亡，或者導致死亡的原因及狀況不明確之遺體，也就是死法異常的遺體，就稱做「異常屍體」。在某些情形下，即使死者是在醫院裡死亡，若被判斷為非自然死亡，醫師仍須通報這些非自然死亡的案例。接到通報的警察首先會針對屍體進行搜查，大致檢視過屍體後，再決定是否要進行解剖。

以2013年的日本為例，這一年內警察共接到了16萬9047具異常屍體（除去交通事故死者、以及在東日本大地震時死亡，遺體卻於這一年被發現的死者）的通報。其中，顯然是因為犯罪而死亡的「犯罪屍體」共有514具；「可能」因犯罪而死亡的「怪異屍體」共有2萬339具（警察廳整理資料）。因犯罪而死亡，或者被懷疑與犯罪有關的屍體，在警察檢視後判斷有解剖調查的必要時，就會委託大學的法醫學教室進行「司法解剖」。

說到法醫學，一般人或許以為我們的工作大都與司法解剖有關，但其實我們經手的解剖案例中，被發現時就明顯與犯罪事件有關的遺體並沒有那麼多。事實上，2013年警察所接到的遺體通報中，「與犯罪事件無關」，但死因、身分不明的屍體共有14萬8194具，佔了所有遺體通報的大部分。

若警察判斷這類遺體有解剖的必要，便會以「調查法解剖」或「承諾解剖」的方式，委託各區域大學的法醫學教室進行解剖。而在部分區域（東京都23區、大阪市、神戶市），則會交由「監察組織」進行「監察醫解剖」。

電視劇中常用到「監察醫」這個詞，也不太會去區別監察醫與大學的法醫學教授。但其實監察醫原則上並不進行可能與犯罪有關之遺體解剖。若有遺體可能是因為傳染病、中毒、災害而死亡，或者是與犯罪事件無關的非自然死亡，那麼為這些遺體進行解剖，查明其死因，以提升「公共衛生」水準，這才是監察醫原本設立的目的。

事實上，大學除了法醫學教室以外也會進行解剖。這裡讓我們簡單說明一下在大學內進行的解剖種類。大學內可進行以下三種解剖。

①**系統解剖** 為幫助學生學習解剖學而進行的解剖。於解剖學教室進行。

②**病理解剖** 為診斷在醫院中死亡的人們，或調查藥物的治療效果所進行的解剖。於病理學教室進行。

③**法醫解剖** 以犯罪搜查或究明死因為目的進行的解剖。於法醫學教室進行。

而我們所進行的即為③法醫解剖。

面對每年有16萬具以上的遺體通報，警察會視其需要安排進行「司法解剖」、「調查法解剖」、「承諾解剖」或「監察醫解剖」，努力查明其死因。即使如此，解剖率仍不算高。

由警察廳的資料顯示，2015年警察處理的遺體共有16萬2881具。其中送往司法解剖的遺體有8424具、送往調查法解剖的有2395具、以承諾解剖或監察醫解剖處理的有9302具，合計共2萬121具遺體被送往解剖。解剖率為12．4％，與前一年的11．7％相比稍微增加了一些，但與其他先進國家相比仍是相當低的數字。

雖然不在我們大學的管轄範圍內，但以前在關西地區的某處曾發生過一起與保險金有關的殺人事件，一開始卻被當成意外處理。

這個案件發生時，被害者的遺體沒有送往解剖。警方是在之後的搜查中才發現這是一起殺人事件。在警察廳可掌握的資料中，像這種一開始「忽略了犯罪可能」，最後卻被查出是刑事事件的案例從1998年起就有45個，其中41個案例沒有送交解剖，而是只靠鑑識人員與科搜研的調查來判斷，卻也因此而誤判了死因與犯罪可能性的有無（順帶一提，這些案例中有12個案例，如果有調查與死者相關的保險契約，就有可能可以看出這是殺人事件）。那麼警察廳沒有辦法掌握的案例究竟有多少呢？考慮到解剖率僅僅只有12％，「被掩蓋的殺人事件」數量應該不少，不禁讓人寒毛直豎。

近年來，不論位在日本何處的法醫學教室，法醫解剖的案件數都越來越多。其理由如同先前所述，這與獨居者的增加，使得死亡時狀況不明之非自然死亡的案例增加有很大的關聯。事實上，在我們法醫學教室，一年的解剖數也是10年前的近兩倍。2015年我們解剖了320具遺體，幾乎每天都有需解剖的遺體在等著我們。

## 解剖率的「階級」

然而，就算解剖的委託再怎麼增加，能以法醫學觀點進行解剖的認定醫師數量並沒有增加。全國約有80個法醫學教室，而在這些教室工作的法醫學認定醫師大約只有150人左右。這個數字與被認定為國家特別天然紀念物、被認定為瀕臨絕種的「西表山貓」之推估存活個體數差不多。與日本負責循環系統與消化系統的專科醫生比較起來，從事法醫工作的醫師只有他們的百分之一。

在這個狀況下，各都道府縣只有一所大學在進行解剖，且該大學只有一名解剖醫師的情況並不少見。因此，日本的解剖率總是難以提高。

事實上，別說是要提升解剖數，各都道府縣的解剖率之間就有很大的「社會階級」存在。

依照警察廳的調查，2015年解剖率最高的神奈川縣達到39・2％，與此相較，解剖率最低的廣島縣只有1・5％的遺體經過解剖。我們大學所在的兵庫縣的解剖率則是33・4％，僅次於神奈川縣。這主要是因為兵庫縣有兩間可進行法醫解剖的大學，再加上神戶市的監察組織，每天可進行多個遺體的解剖。

也就是說，之所以會有解剖率偏低的問題，顯然是因為可進行解剖的大學數量，以及解剖醫師的數量不夠多，勞動力方面有所不足的關係。

事實上，在日本就讀醫學部的學生中，對法醫學有興趣的人比想像中得多。包括我們的大學在內，多數醫學部會讓學生在某段時間內離開臨床體系，到基礎領域的教室學習。而讓學生們選擇想學習的領域時，選擇法醫學教室的人一直都很多。

在我任職的大學內，是依照學生的成績決定分配到的教室，因此來我們法醫學教室的學生通常成績都不錯。然而他們畢業後，幾乎都不會走上法醫這條路。學生們大都是因為覺得和其他基礎領域的課程相比，在法醫學教室學到的內容比較好懂，並抱著想看看法醫解剖是怎麼回事的心情選擇法醫學教室，但最後他們卻都選擇成為臨床醫生。我並沒有評論個人意願的意思，但我總覺得現在這種狀況，沒辦法讓學生們體會法醫學所代表的社會意義，會是一個問題。

不管以後的世界如何變化，對法醫解剖的需求恐怕都不會消失。發現被捲入犯罪事件或死因不明的非自然死亡遺體時，若沒有讓擁有醫學知識的專家診斷遺體的死因與受傷狀態，我們所生活的社會就不會改善。因此，培養對法醫學有興趣的年輕醫師可說刻不容緩。

## 警察判斷影響死亡結果

這一天，警察委託我們為一名30多歲的女性進行解剖。聽到這次是承諾解剖時，讓我稍微鬆了口氣。與司法解剖不同，承諾解剖的遺體沒有與犯罪相關的疑慮，只要找出死因便可完成任務。由於承諾解剖是在親屬同意下進行，故在解剖前對於身分、死者周圍狀況相關的資訊已有一定程度的掌握。

這名女性是在婚禮後兩週，剛從新婚旅行回來後沒多久便死亡。而且是在她回到自家的隔天便突然死亡。

從丈夫的話聽來，妻子前一天晚上並沒有任何異常，但他隔天起床時，妻子卻已倒在家裡的走廊。

據說該名女性曾有過高血壓的病史。然而，為什麼女性不是在寢室內倒下，而是在走廊倒下呢？詳細死因仍不明確。警察認為，如果有高血壓病史，應該是因為某種疾病而死亡的吧，於是在取得丈夫同意後，便委託我們進行解剖。

在我踏入解剖室的瞬間，便覺得躺在解剖台上的女性有種違和感。用言語難以說明，但就是有種不太自然的感覺。

在她的頭部後方有個撞擊痕跡，除此之外沒有其他明顯外傷。唯一讓人在意的是，在她頸部後方的正中央有兩個小小的抓傷。

於是我又看了一次女性的臉。

「原來如此……」

這時我終於知道一開始為什麼會有違和感。她的臉呈現不自然的紅色。血液聚積在頭部與臉部，明顯有瘀血情形。確認她的結膜（眼瞼裡面）時，發現有許多紅色的點。這又叫做溢血點，若是被因絞殺等原因突然死亡，皮膚與黏膜上便會出現這樣的點狀出血。

接著我們切開脖子、胸、腹的皮膚，確認皮下組織的情況，發現她的脖子左右肌肉的前方，有幾個紅豆大小般的出血。

這時我停止了解剖，因為我判斷在承諾解剖賦予的權限下，不能繼續解剖下去。於是我向在場的警官要求辦理司法解剖的手續。

在日本，若要進行司法解剖，需要有法院核發的「鑑定處分許可狀」，也就是俗稱的「令狀」。在刑事影集中，警察需出示令狀才可以搜索住宅，這裡的令狀也是一樣的。當遺體被認為與犯罪事件有關時，遺體就成了這個事件的一個「物證」。若要解剖這個證據，需要得到法院的許可。同時，還需要警察核發的「鑑定囑託書」。警方會在這份文件中寫下委託我們調查的內容，除了死因、死後經過時間之外，還包括推估年齡、是否有服用毒物等。

也就是說，在我們確認到頸部肌肉前方有數個紅豆大小般的出血時，就能判斷「這是殺人事件」或「這個案件有殺人事件的疑慮」。既然如此，在沒有法院的許可下，繼續破壞這個可能是殺人事件物證的遺體並不恰當。

## 真正的死因

先說結論，這名女性的死因是頸部遭雙手掐住，窒息死亡。

在日本，頸部壓迫是殺害他人時最常使用的方法。因此在法醫學上，我們會詳細研究因頸部壓迫而窒息死亡的遺體特徵。而這名女性的身體上亦留下了幾個這樣的特徵。

臉部瘀血、結膜多處溢血點，頸部皮下組織出血、臉部潮紅、結膜出現溢血點等特徵，同樣也出現在許多因突發性狀況、急性疾病導致死亡的遺體上，只靠這些特徵並沒有辦法斷定死者是因為頸部被壓迫而窒息死亡。然而，這名女性的頸部皮下組織，以及舌根部也有出血狀況，這是頸部被壓迫時所留下的痕跡，故只有這個可能。

一般而言，如果想要自己用手把自己勒死，中途就會因為失去意識而無法繼續壓迫脖子。除此之外，該名女性的後頸有抓傷痕跡，推測這應該是凶手用手指勒住她的脖子時，手指或指甲所留下來的傷痕。由此可知這個案例是殺人事件，或者至少可能是有殺人疑慮的案件。

那麼，究竟是誰殺害了這位剛結婚沒多久的女性呢？令人難以相信的是，經過搜查後，確認加害者就是同意進行解剖的丈夫本人。在那天夜裡，丈夫因為小事起了口角，於是一時衝動將妻子掐死。

由於室內沒有從外部侵入的痕跡，而且正值新婚時期，連警察都沒想到會是丈夫親手將妻子勒死。看起來那麼幸福的家庭，卻出了這樣的意外——警察這麼想著，於是建議丈夫以答應解剖的形式釐清死因。

但是，如果作為犯人的丈夫不同意進行解剖，就這麼直接將妻子的遺體送往火葬，這名女性很有可能會永遠被當作意外死亡，真相卻永遠埋藏在黑暗中。是被殺害？是意外死亡？還是病死？為了調查這件事，該用哪一種解剖方式呢？

若警察對案件有不同的判斷，即可能會導致不同的結果。

## 最常見的殺害方式

依照我們法醫學教室2003～2010年的調查，殺害方式中最常見的是「壓迫頸部」。在自殺死亡的人們中，有三分之一是「上吊自殺」。在日本，不管是自殺還是他殺造成的「死亡」，許多人第一個想到的都是「頸部壓迫死亡」。

在法醫學中，壓迫頸部讓人死亡的方法可明確分為三種。

①縊頸　利用自身體重，以固定好的繩子懸吊自己的頸部
②絞頸　使用繩子或其他繩狀物，勒住他人頸部致死
③扼頸　與絞頸類似，不過是使用手指壓迫他人頸部致死

縊頸是自殺時常用的方法，而在這種方法下死亡的人，於法醫學上並不稱作「上吊」，而是稱作「縊死」。

相較之下，絞頸、扼頸幾乎都是他殺。用這些方法殺害他人，在法醫學上分別稱作「絞殺」與「扼殺」。前面所提到的女性死亡事件即屬於扼殺。

而不管是在縊頸、絞頸、扼頸哪種方法下死亡，遺體頸部通常都會留有壓迫的痕跡。若是使用繩子，皮膚上就會留下清晰的繩紋，而如果是用手壓迫頸部，脖子就留下紅色、呈現手指形狀的印記。而且這些痕跡一旦被留下，就算時間經過也不會產生變化。因此這些痕跡可以明確顯示出殺害死者的「凶器」。

到這裡，我想試著問讀者們一個問題。人的頸部受到壓迫時為什麼會死亡呢？

「因為沒辦法呼吸，窒息而死。」

這個答案並沒有錯。

頸部受到壓迫時確實沒辦法呼吸，但之所以會造成死亡，主要原因應該是血液沒辦法流到頭部（或者說是腦部）的關係。

腦部對缺氧相當敏感，只要有數分鐘得不到氧氣，就會使神經細胞死亡。將氧氣送到腦的是從心臟往腦延伸的血管（動脈）。若你用手指觸摸頸部兩側，可感覺到規律的跳動。頸部左右兩邊各有一條大動脈通過，若頸部受到壓迫，會使這兩條動脈的血液流動不夠充分，甚至可能停止流動。這會導致腦得不到氧氣，最後死亡。

順帶一提，頸部受到壓迫的遺體，臉會變得特別紅。壓迫頸部時，通常僅有靜脈內的血液會停止流動，動脈內的血液則會繼續流動。動脈的管壁很厚，靜脈的管壁則較薄。靜脈若遭到壓迫會馬上變扁，使血流停止。然而，若想讓頸部左右兩邊動脈內的血液完全停止流動，需要相當大的力量才辦得到。因此，當頸部受到壓迫時，動脈內的血流雖變慢，但仍有流動，而靜脈內的血流卻完全停了下來。

從心臟往腦部的血液供給雖然變少，依仍持續流動，另一方面，從腦回到心臟的血液卻完全停了下來。因此，血液會聚積在腦部、頭部，使臉變紅。

頸部受到壓迫而窒息死亡的遺體，在「口」與「臀部」等處可以看一些明顯的特徵。我們也一定會確認這兩個地方。

首先是關於口的部分，通常當頸部受到壓迫時，舌根處會遭受強烈擠壓，這會使舌尖突出於上下牙齒位置（齒列）之外。我想日本每一個法醫學教室在進行解剖的時候，都會記錄舌尖與齒列的相對位置關係吧。如果發現舌尖的位置比齒列還要前面，需就遺體被發現時的狀況，判斷遺體在死前頸部是否可能受到壓迫。除了頸部受到壓迫之外，燒死、因肺炎而病死時也可能會導致舌頭伸出。

此外，在頸部被壓迫而窒息死亡的遺體上，有時會發現失禁或脫糞的情形。因頸部壓迫而窒息死亡的過程中，會有肌肉抽搐的情形，且會刺激交感神經興奮，使血壓上升，進而造成失禁或脫糞。通常警察為了檢視遺體，會先將衣服脫下，故遺體被送來解剖時已是裸體狀態，我們沒辦法直接看出屍體發現時有沒有失禁或脫糞的情形，因此我們也會詢問遺體發現時在場的警官。

## 毒藥物檢查的「階級」

不曉得您是否記得２０１４年時轟動過一陣子的「氰化物連續殺人事件」呢？大阪、京都、兵庫、奈良等四府縣的警察聯合搜查一起以氰化物為工具的連續不明原因死亡事件，最後逮捕了一名住在京都府的女性。

這名女性在結婚介紹所認識許多單身的高齡男性，並陸續讓他們服下氰化物，被警方以殺人罪嫌逮捕。年老男性與伴侶離別或死別，心裡寂寞，她便趁虛而入。這種手法在當時引起了社會一陣議論。

警方首先注意到的是在２０１３發生的一起事件。京都府內有一名在自家中死亡的75歲男性，其司法解剖結果顯示，他的胃與血液檢查出超過致死量的氰化物劇毒。

在那之後，警方查出男性妻子過去的生活範圍中，包括大阪、兵庫等，有許多不明原因死亡的高齡男性。由新聞報導指出，其人數至少有8人以上。而且其中2名男性還是住在兵庫縣內由我們教室負責解剖的區域。

看到這則報導時，我的背脊不禁涼了一下。我不記得曾在鑑定報告書的死因欄中寫下「氰化物中毒」。會不會是我解剖某具男性屍體時不小心誤診，忽略了氰化物中毒的可能性，判斷其為不明原因死亡呢？

隔天，我到大學上班時，慌慌張張地翻出所有過去的解剖記錄，卻沒找到事件受害人的解剖記錄。也就是說，在我的管轄區域死亡的兩名被害者，並沒有被警察送來進行司法解剖。

恐怕警察在看到被害人的死亡情況時，認為沒有犯罪的疑慮，而以「病死」的方式處理這些案例了吧。殘留在遺體內的氰化物中毒之相關證據，則隨著火葬而消失了。

「如果第一起（1994年）事件中的被害人死亡時，遺體有送往解剖，並被診斷出是氰化物中毒，或許就不會有之後的被害者出現了吧。」

雖然我不是沒有這麼想過，但隨後我又想到，但要是當初遺體被送來我們這裡時，我真的有辦法診斷出是氰化物中毒嗎？

法醫解剖時，需進行許多藥毒物的檢查。而在司法解剖中，警察會在囑託清單中列出想要請我們調查的事項，其中大多會包含「毒藥物濃度」項目。

若有死者是因為服用毒物，或因為藥物的副作用而死亡，除了「有機磷中毒死亡」的遺體上會出現眼睛瞳孔變小（也稱作「縮瞳」）的特徵之外，大部分因藥毒物中毒而死亡的遺體在解剖時，並沒有顯著的特徵可供辨認。死者是否在服用藥毒物後死亡，只看外表與臟器是無法診斷出來的。若沒有分析血液與尿液，從中實際檢測出藥毒物成分，很難斷定死者是因為藥毒物中毒而死亡。

由至今所有中毒案例所得到的分析結果，我們可以知道許多藥毒物在血液中的致死濃度。只要將解剖時所採取的血液拿去分析，便可看出其中含有的毒物數量及濃度，將之與致死濃度比較，便可判斷這種毒物與死因是否有關。

然而，要診斷出「氰化物中毒」是件非常困難的事。氰化物檢查是一種非常特殊的檢查，通常如果沒有氰化物中毒疑慮，不會進行相關藥物檢查。昭和中期以前，工業用的氰化物取得容易，故常被當作一種自殺的方式。然而現在自殺的人幾乎不會使用氰化物，我自己過去也從來沒有解剖過因為氰化物中毒而死亡的遺體。以實際情況來說，如果沒有充分的疑慮，並不會「特別」去檢查死者死因是否與氰化物中毒有關。

如果我們懷疑死者是因為毒藥物而死亡，會將遺體的血液、尿、胃內殘留的內容物採樣檢查。最近我們會使用一種名為質譜儀，一台要1000萬日圓以上的專門儀器進行分析，以確認樣品內的成分及含量。隨著藥物種類不同，也有可能不用質譜儀，而改用氣相層析儀（用以分析容易氣化之化合物的種類與濃度的分析儀器）進行分析。

在日本常被質譜儀檢查出來的成分包括興奮劑、安眠藥等。然而質譜儀過於昂貴，不可能讓日本所有的法醫學教室都擁有一台。

我們的法醫學教室也在數年前引入了這台機器。在我們教室進行的解剖中，如果是司法解剖，所有案例都會以質譜儀進行藥物檢查；而其他的解剖案例則會視費用與分析人員的狀況而定，不會讓所有的案例都使用質譜儀。

而在京都的這起案件應該就是在調查的時候查出了「某種」會讓人聯想到氰化物中毒的線索吧。舉例來說，一般而言，因為胃裡面有胃酸，故會呈現酸性。但氰化物溶於水會呈現強鹼性，因此，死者的嘔吐物內會驗出強鹼性。另外，血液中的血紅素會與氰化物內的氰根形成非常強的鍵結，故氰化物中毒的死者，遺體內的血液為鮮紅色，與凍死的人相同。或許就是負責檢查的醫生剛好沒放過這種「可能性」。

就算當時負責檢查的醫生沒有想到這樣的可能性，只要有進行解剖，負責解剖的大學大都會將解剖時所採取的血液保存起來。

〈氰化物連續殺人事件中，嫌犯〇〇（68歲）因殺人嫌疑而被逮捕。由搜查人員的訪談中得知，當時與嫌犯交往的死者男性的胃內容物中，驗出了氰化物，不過在口腔內與食道中並沒有發現氰化物所造成的潰爛。該名男性是在騎乘機車數分後突然倒下，故嫌犯使用含有氰化物的膠囊下毒的可能性很高。大阪府警認為嫌犯是在死者倒下前數分讓他服下氰化物。

搜查人員指出，與嫌犯交往的〇〇先生（當時為71歲）無職，住在大阪府貝塚市。他在2013年3月9日下午騎機車行經大阪府泉佐野市時倒下，於醫院死亡。負責進行司法解剖的大學從他的血液中驗出含有高於致死量兩倍的氰化物。胃的內容物中也有殘留的氰化物成分〉（2015年1月31日出刊每日新聞。文內的匿名部分於新聞文章中為實名）

2012年另有一名男性死者被懷疑也是這名嫌犯下的手，然而當初解剖時卻被診斷為「突發性心臟停止造成之病死」。不過，在發生京都這起事件後，這名男性死者的血液又被拿出來再鑑定一次，結果也驗出了高於致死量兩倍的氰化物。可見只要留下血液樣本，就算解剖後經過很長一段時間，仍有可能在犯罪事件的搜查派上用場。

然而，在我的管轄區域內死亡的被害人，他們的遺體在當下沒有進行解剖，故也沒有血液樣本可供再行鑑定，沒辦法進行藥物檢查以確認被害人是否死於氰化物中毒。

結果，該名女性僅因為四人的殺害嫌疑而被起訴。檢方認為〈其他四人當時的死因被診斷為病死，即使回去調查過去的記錄，也沒有證據顯示他們可能死於藥物中毒〉（2015年11月6日出刊YOMIURI ONLINE），故對殺害這四人的嫌疑不予起訴，結束搜查。

這起發生在京都、大阪的氰化物連續殺人事件，使警察廳於2015年11月在各大報章雜誌上宣布，自2016年起，警察在調查遺體時，都要進行毒物檢查。現在，全國各警察單位皆配備可檢驗所採取之血液是否含有氰化物等毒物的工具套件。

對於「初次碰到」的案例，分析起來確實很困難，但之後若能將過去的案例當作參考並彼此分享，有時甚至可以讓整個解剖制度發生變化。

## 胃中隱藏的「訊息」

接下來我想要從法醫解剖的角度，來談談胃的檢查。

若你因為「胃的狀況怪怪的」而去醫院檢查，醫生主要看的通常是胃黏膜。醫生會用內視鏡等器材觀察胃黏膜的狀況，看有沒有潰瘍情形或癌細胞生長。

我們法醫自然也會檢查胃黏膜的狀況。在我曾經解剖過的案例中，有一位死者在服用止痛藥後，引起胃黏膜的急性出血而導致死亡。胃黏膜上可確認到有出血情形的的血管。另外，雖然不是所有案例都有，但凍死遺體的胃黏膜上也常可看到外觀如「豹紋」的出血現象。這種特殊的出血現象幾乎不曾出現在凍死以外的死者身上。所以，部分案例中，只要觀察胃黏膜的狀況就可以診斷出死因。

不過，比起胃黏膜，我們更關心的是胃的裡面的東西，也就是胃的內容物。內容物包含了哪些東西、量大概有多少？如果有食物，是什麼樣的食物、消化程度又是如何？由這些資訊，我們可以判斷死者在最後一次進食後過了多久死亡。

至於胃內容物的消化程度，看米粒是最清楚的。米粒的消化程度大多會被當作基準，於解剖記錄中註明消化為輕度、高度之類。

胃與十二指腸、胰臟等器官會在不分離的情況下，整個從身體內取出，放在觀察用的台上。接著，我們會用剪刀將胃的一部份剪開拍照，再用金屬勺子將胃裡面的所有內容物取出，放入燒杯內記錄內容物的量。若內容物體積達到700毫升就偏多了。

為服用大量藥物自殺的人進行解剖時，可在他的胃內看到許多錠劑。雖然不同藥物的致死劑量也有所差異，但一般而言，只有服用大量的處方藥物，才可能會讓人中毒。我們曾在服毒自殺者的胃內看到100顆以上的錠劑，或者是結塊成如拳頭大小的藥粉。像這樣分析胃的內容物，可得知死者之前服用了麼樣的藥物、這些藥是否足以構成死因，甚至是這些藥物從何處得到等資訊。

以前我曾在一個解剖後的胃中發現空的PTP包裝（以鋁箔及塑膠殼將錠劑個別分開的包裝方式）。我記得那是一位有失智症的高齡男性，他將處方藥物與包裝一起吞下去了。

若只是誤吞PTP包裝，並經由排泄作用自行排出，那並非什麼大問題，然而這名男性的死因是胸腔內的「膿瘍」。膿瘍也就是膿。看來是包裝的尖角刺傷了食道黏膜，而死者又在這種狀態下吞下米飯等食物，這些食物的重量使包裝的尖角在食道黏膜上開了一個洞。

食道內側（有黏膜的一側）與口相連，也與身體的外側相連，故充滿了各種細菌。另一方面，食道的外側為心臟與肺臟等所在的胸腔。胸腔原本是一個處於無菌狀態的空間，若在某些原因下使食道出現破洞，細菌就會從這個洞跑入胸腔。

這名男性是因為細菌造成的重度感染而死亡。解剖時所看到的PTP包裝刺傷了食道黏膜，可能就是因為這樣使雜菌在胸腔內到處增殖。然而，胸腔內的膿需累積數日的份量，才有可能導致死亡。或許在這起事件之前，這名男性也曾經吞下過PTP包裝，食道黏膜已有損傷，但這部分我就無法斷言了。

胃雖然只是臟器之一，卻隱含著許多「訊息」。我們的工作便是一個個確認這些訊息，使死因明朗。

## 【第4章參考文獻及網站】


●警察庁刑事局「司法解剖の実施」（平成26年6月11日）
http://www.npa.go.jp/yosan/kaikei/yosankanshi_kourituka/26review/pdf/26-22sannkousiryo.pdf

●朝日新聞デジタル「遺体の解剖率微増　都道府県警で大きな差」（２０１６年２月27日配信）

●警察庁「警察における死因究明等の推進」（平成24年11月16日）
http://www8.cao.go.jp/kyuumei/investigative/20121116/siryou2.pdf

●北野圭吾、西尾元ほか「兵医大医会誌」第39巻　p.77－81（２０１４年）／「阪神間における他殺解剖事例の検討」

●上吉川泰佑、西尾元ほか「兵医大医会誌」第40巻　p.65－68（２０１６年）／「兵庫医科大学法医学講座が扱った自殺症例の検討」

●日本経済新聞「警察庁、遺体すべて毒物検査 青酸連続殺人受け16年度から」（２０１５年11月13日配信）

●ＹＯＭＩＵＲＩ　ＯＮＬＩＮＥ「青酸連続変死事件、捜査を終結…４府県警」（２０１５年11月６日配信）

# 第5章

# 來自解剖台的訊息

# 第一個病例

現在的我站在解剖台前時，某種程度上已可游刃有餘地面對遺體。但在我剛開始從事這項工作的時候，該學習的東西堆積如山，每天都在解剖與研究工作之間打轉。要將教科書上所寫的知識「內化」到自己身上，成為自己的一部份，需要累積相當多的經驗。

本章中我想要先將「社會階級」這個主題暫時放在一邊，來說說法醫學的日常。從事如此特殊之工作的我們，每天究竟在做些什麼呢？讓一般人多了解一些我們的工作，或許也與本書的目的「讓讀者意識到『死亡與階級』的問題」有一定的關聯。（註：本書原名《死体格差》，格差即階級之意）

在前面曾經提過，我們教室並不像一般的醫院，會有急救患者突然送過來。當警察和我們聯絡時，通常對要被送過來的遺體之相關資訊已有一定程度的了解。所以在我年輕時，要進入解剖室前，常會先去翻閱教科書和專業書籍，確認哪些死因的可能性較高，又有什麼特徵。

即使如此，我也曾遇過相當罕見的案例，這種案例我至今也遇過一次。

那是發生在我還沒有多少解剖經驗的新手時期。那一天，被送來的是一位在婦產科生產後突然死亡的20多歲女性。婦產科的主治醫師在死亡診斷書上寫了「病死」，但家屬懷疑生產時院方有所疏失，故委託我們進行承諾解剖。

解剖這名女性的主執刀醫師是法醫學教室的教授，也是我當時的上司，我則是以輔助的角色協助解剖這名女性。在解剖之前，我以「生產後」、「突然死亡」為關鍵字，拼命查詢所有婦產科相關的書籍。當時我是第一次接觸到與生產相關的死亡病例。我心中一直想著：死因有可能是哪些？該檢查哪些部分？絕不能忽略那些重點？之類的事，覺得膽戰心驚。

婦產科醫師診斷的死因為「羊水栓塞症」。這是由於子宮內的羊水在某些原因下流入母體的血管，使羊水所含的成分塞住肺臟等其他內臟所導致的嚴重症狀。

「栓塞」指的是血管內妨礙血液流動的異物。羊水內有嬰兒的胎毛、頭髮、皮膚細胞、糞便等，若這些東西跑進母親的循環系統，會塞住血管。這種情況在分娩中，或是剛分娩完時有極低機率發生，最糟的情況下會引起呼吸停止、心臟停止等嚴重症狀。

結果，該名女性的死因與當初的診斷相同，毫無疑問是「羊水栓塞症」導致她的死亡。解剖後，我們用顯微鏡觀察她的肺與其他臟器，發現胎兒的毛髮與皮膚細胞塞住了細小的血管。這就是她死亡的原因所在。母親為了生下孩子而賠上了性命，實在是讓人感到遺憾。

教授，也就是我當時的上司說，過去也只有一個同樣症狀的病例送來解剖。送來給法醫解剖的遺體雖然都是「非自然死亡」，但其死因也是各有所異。

## 大型醫院點滴連續中毒事件

現在的我進入解剖室時已不像當時那麼戰戰兢兢。在解剖過幾百、幾千個遺體之後，我想我應該看過大部分的死因了。但即使如此，心中某處還是會有「或許會送來出乎意料之外的遺體」的想法，這種緊張感還是沒有消失。

2016年9月，神奈川縣的一間大型醫院發生了一起殺人事件，有兩名高齡住院病患的點滴因混入異物致死。

這起事件中，混入點滴的是一種稱為「Germitol」的醫療用消毒劑，是一種介面活性劑，若加在點滴裡會導致患者死亡。

若過去沒有類似的案例，要判斷死者是不是因為混入的藥物而死亡，並不是件容易的事。以專門的儀器分析死者的血液，得知藥物在血液中的濃度，再參考過去的報告以得知是否達到致死量，這樣才能診斷出這種藥物是否為死者的死因。就算以前曾經有人因為這種藥物而死亡，但卻無法從死者身上檢驗出藥物濃度，便難以判斷藥物是否為死者的死因。

這間大型醫院的案例也一樣，若輕易斷定死者是「Germitol 造成的中毒死亡」，便很有可能因疏忽而沒發現真正的死因。事實上，雖然有兩人被認為是因為點滴被混入 Germitol 而死亡，但有報導指出，在他們死亡之前，這家醫院在同一年的7～9月也有48名患者死亡。

沒有人能確定有多少人是「病死」，又有多少人是「Germitol造成的中毒死亡」。無論如何，若已交出死者的死亡診斷書，且遺體已送去火葬，便無法採集到死者的血液。由於無法測定血液中的藥物濃度，故很難證明 Germitol 的投予和他們的死亡之間有沒有因果關係。

在病人死亡後，家屬會拿到一份「死亡診斷書」。家屬需拿著這份診斷書到戶政事務所辦理除去死者戶籍的手續，同時拿到為遺體火葬、土葬的許可證。依規定，死亡診斷書只有醫師、以及牙醫師可以發給（不過牙醫師並不能發給家屬「鑑定報告書」）。

事實上，關於這起事件，還有一個重點需要被納入思考。前述的大多數死者都是在這個大型醫院的四樓死亡，這個地方也是進行末期醫療的區域。若病患是老年人，便很有可能突然出現心肌梗塞或腦出血等症狀。就算這種突發性的死亡有些不自然，相關人士也大都會忽視這些看似不自然的地方。而且，本來就很難想像在醫院這種地方，會有人以殺害為目的將毒藥混入點滴內。

到了2017年1月，還是沒有抓到這起事件的犯人。然而即使之後在警方的搜查下抓到了犯人，並從犯人自白中得知之前死亡的48人有多少人被他投予毒藥，只要不將這些死者的遺體送往解剖，我們還是不曉得這些毒物對死者的死亡有多大的影響，難以為其死因做出診斷。

站在一位法醫學者的立場，我今後也會持續關注這起事件。

## 「死因不明」的意義

之前也曾數度提到，在解剖結束後，我們會給警察一份鑑定報告書。死亡診斷書與鑑定報告書之間的差異在於，前者是醫院或在家醫療的病患經醫師明確診斷為「病死」時開出來的診斷書，而後者則是當死者是「突發死亡」或「外因死亡（包括交通事故等）」時，也就是可能因為疾病以外的原因死亡時，所開的證明。

兩者皆是家屬要除去死者戶籍，以及申請火葬、土葬許可時之必要文件。氰化物連續殺人事件與點滴連續中毒死亡事件中，死者被認定為「病死」而開出死亡診斷書後，遺體馬上被拿去火葬，使得殺人證據就此消失。

對於走在學醫道路上的人們來說，這是很重要的文件，故我每年都會仔細教導學生該怎麼寫這些文件。

不曉得各位讀者之中，有多少人曾經看過鑑定報告書（死亡診斷書也是使用同樣格式）呢？這些文件除了死者姓名、性別、出生年月日之外，還包括以下項目。

◎死亡時間
◎死亡地點之種類（醫院、診所、老人照護設施、自家、其他）
◎死亡原因（直接死因、造成直接死因之原因以及解剖時主要發現）
◎死因種類（病死、自然死、交通事故、跌倒、跌落、溺水、濃煙、火災、火

焰等造成之傷害、窒息、中毒、自殺、他殺、其他或不明外因、死因不明）

◎外因死亡之備註事項（發生傷害之時間、地點等）

其中，我認為「絕對不能搞錯」的是「死亡原因」以及「死因種類」。即使解剖過程很認真，仍有將這兩搞混的可能。發生這種情況時，我會避免在鑑定報告書上寫下連我自己都不確定的資訊，以免誤導其他人的判斷。故我認為這時應該要寫「不明」。

在我們的診斷結果出來後，原本被認為是意外死亡的案例甚至有可能會變成他殺事件。如此一來，死者、家屬，甚至其他第三者也會受到很大的影響。因此，在寫檢案書的時候，與其追求寫得「正確」，不如確定上面寫的「沒有錯誤」，我認為這是很重要的事。

## 鑑定報告書所傳達的意義

另一方面，我們法醫學者在寫鑑定報告書時，「內容寫法」有一定的彈性。

一位40多歲的女性，在夜班兼職工作結束後，騎著自行車回家時，在十字路口被不遵守交通號誌的車子以相當快的速度撞擊，當場死亡。

並非每一個因交通事故而死亡的死者都會被送來解剖。如果是肇事逃逸、被害者疑似遭多台車輛輾過、因腦出血、心肌梗塞而造成自撞的事故、無法確定是否因為交通事故的外傷而死亡的死者，警察才會委託我們進行解剖。

而在這個案例中，加害者肇事後便將車輛留在現場，棄車逃亡，也就是所謂的肇事逃逸，故警方委託我們進行解剖。通常，肇事逃逸會以「肇事嫌疑人因不明過失而於駕駛時造成他人死亡，或疑似違反道路交通法」為由，交由司法解剖。

因交通事故而死亡的遺體通常有多處外傷，需花上很多時間解剖。這名女性的全身也到處是傷，肋骨全部共有近20處骨折。此外，位於胸腔內部的肺也有很大的損傷，裡面積了約500毫升的血液。

死因為「肋骨多發性骨折造成之失血死亡」。

鑑定報告書的「死亡原因」一欄中，有四個格子。首先是「直接死因」，如其名所示，應填寫造成死者死亡的直接原因。接著要填的是導致「直接死因」發生的原因，再來要填的是造成前一格所寫的原因發生的原因，依次陸續填下來。

在這名女性的案例中，「直接死因」是「失血死亡」，而造成她失血死亡的原因則是「肋骨多發性骨折」，造成「肋骨多發性骨折」的原因為「胸部遭撞擊」，胸部遭撞擊的原因則是「被車輛撞擊」。在我一一寫下這些文字時，當時的「師父」把「遭到車輛撞擊」一句重新改寫成這樣：

「遭到暴衝車輛撞擊」。

我當時相當訝異。

即使都稱作交通事故，原因也各有不同。有些事故在一瞬間發生，根本不可能閃避；然而也有些事故是因為駕駛未注意，或是未遵守規則，造成「他殺般的交通事故」。亡故的女性有好好的遵守交通規則，在綠燈亮時通過路口。她工作了一整晚，想必已經非常勞累了吧。或許她正一邊想著「終於可以好好睡一覺了」，一邊慢慢騎著自行車，往自家的方向前進。

肇事車輛顯然沒有遵守紅綠燈的指示，進入十字路口時也沒有減速。駕駛在將該名女子輾過之後也沒有尋求救護，而是丟下車輛逃逸。

這算得上是難以迴避的「事故」嗎？

就算我們在鑑定報告書的「死因種類」填的是「交通事故」，還是希望能留下一些暗示該女性沒有過失的訊息。「師父」在鑑定報告書中寫下「遭到暴衝車輛撞擊」，或許多少考慮到了親屬悲痛的心情吧。

同樣的，鑑定報告書上也常會隱含著我們想傳達給警察的訊息。舉例來說，同樣是因為「一氧化碳中毒」而死亡的案例，在「死因種類」一欄中填寫「自殺」或者是「其他或不明外因」，其代表的意義完全不同。當這欄寫著「其他或不明外因」時，代表我們無法判斷這名死者是因為外因中的自殺、他殺，或者是意外事故而導致其死亡。而這可能是因為有些疑點在解剖後能無法得到答案，故無法斷定死者的死因種類。

這時，如果我們在「死因種類」一欄中填寫「病死」或「自殺」，警察很有可能會因此判斷這個案例「與犯罪無關」而中止搜查。不過如果我們填的是「其他或不明外因」或「死因不明（無法確定是病死或者是外因死亡時填寫）」就表示我們想告訴警察「單靠解剖結果，無法斷定死者是自殺或病死，請再詳細搜查一遍」。

跑現場的警官身上常背負著好幾件案子，每天都忙不過來。然而正因如此，我們希望警察能夠盡可能地留意每一位被害者。如果這樣的想法可以藉由鑑定報告書傳達給警察，便可讓我們覺得欣慰了。

有時我們會把鑑定報告書直接交給家屬。由於請領死亡理賠金的時候需要這份文件，故有時保險公司會主動向我們申請鑑定報告書。

原則上，可以申請鑑定報告書的人，僅限於前來領取遺體的人，或者是由當事人委託的人。

但即使如此，還是有可能引起爭議。

有一次，死者的家屬表示「希望不要將鑑定報告書交給『某個女性』」。這名女性是死者未正式登記的妻子，想必是死者把這位女性列為保險的受益人吧。在人死後，死者周圍因為爭奪壽險理賠金而引起騷動，並不是罕見的事。

另外，有一次我們在解剖某位男性死者時，死者的上司直接來到我們法醫學教室，要求我們給他鑑定報告書。

那是在解剖後不久，自稱是死者上司的人突然來到大學，並說「請將他的鑑定報告書交給我」。那時，我們以他不是家屬為由，拒絕將鑑定書交給他，而不久後這位上司卻被查出是犯人而被逮捕，讓我們也嚇了一跳。這位男性死者似乎有保一個壽險，而受益人正好是他所任職的公司。聽到警察講這段故事，不禁覺得「還好當時沒有判斷錯誤」。

## 法醫日常

我們的工作場所是「解剖室」。除了法醫以外，恐怕沒有人會在這種地方工作了吧。

解剖室中央的解剖台，放置著我們將要解剖的遺體。解剖時除了要在鑑定報告書上以文字記錄我們的觀察與推斷，還要以數位相機拍下解剖台上的遺體。

在部分司法解剖的案例中，解剖結果會作為審判用的資料，故相片的記錄是不可或缺的。如果身體表面有傷口或其他痕跡，或者解剖時有重要的發現，都會拍下來留作記錄。

在我最初任職的法醫學教室，我們所用的解剖台是用大理石做成的。我猜那大概是一整塊大理石切割出來的，應該值不少錢。

要拍下解剖時的照片作為記錄時，大理石做的解剖台相當適合。或許這種說法聽起來很奇怪，但這樣確實可以拍出很漂亮的照片。我目前任職的地方所使用的是不鏽鋼製的解剖台，可以很輕鬆地調整高度，解剖後清洗起來也很簡單，在使用上不鏽鋼製的解剖台顯然方便許多。但照相時就比不上大理石製的解剖台。因為不鏽鋼製的解剖台很容易反光。

有一件關於大理石解剖台的事讓我相當難忘。

在我還是法醫學教室的新人，還沒進入狀況時，「師父」突然對我說：「西尾，你爬上去解剖台跳個兩三下吧！」會這樣說是因為這個大理石解剖台在長年使用下，支撐台面的金屬支柱有一部份已經開始生鏽。如果能夠把這個部分弄壞，就有理由可以買一個新的解剖台了。

當然，即使是師父的命令，這種事我也做不出來。不過在發生過某個事件後，我們立刻就換了一個新的解剖台。

某次，過年時期於一個火災現場發現了四具遺體。除非我們很清楚死者在火災發生時處於何種狀況下，否則火災現場發現的遺體，原則上都要進行司法解剖。因為光從外表很難判斷死者在火災發生之前是否已死亡。

那天要在一天之內解剖四具遺體。解剖時我還覺得身體沒什麼異狀，但在那之後覺得背後卡卡的，臀部也開始覺得有點痛。經過數日後，早上起床時突然感覺到一陣劇烈的腰痛。到大學的骨科接受ＭＲＩ檢查後，幫我檢查的醫師說「因為你椎間盤突出才會覺得痛」。

我似乎得到了「腰椎椎間盤脫疝」。

理由我也很清楚。事實上，我的身高還蠻高的。由於這個很有歷史的大理石解剖台沒辦法調整高度，故長時間以來，我一直是彎著身子在進行解剖。而且我們還要把遺體搬到解剖台上，解剖完再搬離，平常的活動就對腰部有很大的傷害。我向校內的委員會提出這個問題，前面提到的大理石解剖台就換成了升降式、可調節高度的全新不銹鋼製解剖台，或許這也可以算是因禍得福吧。

## 失去也不會死的臟器

我們在解剖堂上取出遺體的臟器後，會將各臟器分離開來仔細檢查。在法醫解剖時，原則上會將顱腔、胸腔、腹腔都打開，並將體內所有臟器都拿出來觀察。和外科醫師比起來，我們將腦、心臟、肺等臟器整個「拿在手上」的次數說不定還比較多。

或許因為這樣，每天都在觸摸這些臟器的我們，也比一般人更能實際感受到，只有當臟器們各自發揮正常的功能時，人類才能存活下去。

舉例來說，要是將人的腦取出，人毫無疑問的會死掉。心臟也是，在沒有用人工心臟代替的情況下，失去心臟的同時也代表著死亡。反過來說，我們由此也可以得知對於人類的「生存」來說，腦和心臟肩負著多麼重要的任務。

另一方面，也有某些臟器「即使從活著的人體內取出來，也不會致死」，像是脾臟。它只有拳頭般大小，位於身體左側靠背後的位置，功能是破壞老舊的血球。如果以手術方式將一個人的脾臟取出，並不會使這個人死亡。此外，食道、胃、大腸等臟器如果因為癌症手術而被切掉一部份，甚至被整個切除，通常也不會造成死亡。當然，這會伴隨著一些不舒服的症狀，但只要手術時妥善處理、做好術後療癒，便不會有生命危險。

不過，小腸就沒有那麼簡單了。大腸是吸收水分的地方，即使被切除，也只是糞便會變得像水一樣稀而已。但如果是小腸被切除，就沒辦法吸收養分，難以維持生命。

腎臟、肺臟左右各有一個，故拿掉其中一個時，基本上還是可以活著。腎臟上方有腎上腺，可分泌各種不同的激素，拿掉一個也不至於喪命。然而，像是負責分泌血液中調節生理代謝之激素的甲狀腺、負責分泌可降低血糖之胰島素的胰臟等看似不起眼，實則扮演重要角色的臟器，切除後如果沒有補充相關激素，便很難維持生理運作。

被送到我們這裡來的遺體，有不少是在貧困的環境中死亡的人。

從外觀看來，他們像是有一陣子沒有洗過澡了，而且身材瘦弱，想必生前的環境絕不能算是寬裕，或許他們家裡的水電都被停掉了，也沒有足夠的食物吧。然而在我打開他們的胸腔、腹腔時，映入眼簾的各個臟器卻又非常漂亮，讓人難以想像那是已經使用了數十年的器官。

另一方面，飲食生活奢侈的人，外表看起來很乾淨，皮膚上一點污垢都沒有。但這些人的內臟往往附著了大量內臟脂肪。在腸與腎臟的周圍，甚至胃與心臟的表面都可以看到黃色的脂肪附著在上面。其中有些案例的脂肪厚得很誇張，就算生前有心肌梗塞的情形也不奇怪。

## 恐怖的結核病

之所以要在解剖時將臟器全部取出，其主要目的為「尋找所有可能性」，但被送來的遺體中，有許多是「沒辦法獲得生前資訊」的案例，其中也包括了對於傳染病的資訊。在解剖前無法取得相關資訊的法醫解剖，與其他解剖現場相比，被遺體的細菌或病毒感染的危險性相當高。

被送來的遺體中，身分不明者並不少（以兵庫醫科大學為例，2015年的解剖案例中，約有10％為身分不明的遺體）。我們經常在不曉得這些遺體在生前有沒有被病原微生物感染的情況下進行解剖。

其中最恐怖的就是「肺結核」。

由於結核會藉由空氣傳染，故需要特別注意。雖然要被解剖的遺體「早已沒有呼吸」，但解剖時我們會切開身體、取出肺臟，進行這些動作時會讓結核菌飄散至空氣中，要是不小心吸入，就會被傳染。

在法醫解剖的案例中，也曾經有過執刀醫師與相關之警察遭傳染結核病的案例。解剖對象本身是位結核病患者，但遭感染的醫師以及其他相關人士在解剖前都不曉得解剖對象有結核病。最近各個法醫學教室陸續引進電腦斷層攝影，藉由電腦斷層攝影的幫助，解剖前，我們可以在某種程度上判斷病患是否患有結核病。然而，這不代表我們已可完全掌握所有遭結核病感染之遺體的情況。

在我們大學的解剖室內的醒目處，貼著一張寫著「羸瘦的人可能有肺結核！」的大字標語。「羸瘦」指的是體重比標準體重少了20％以上，極端瘦小的人。這種標語的意思是，看到「羸瘦」的遺體時，首先要懷疑這個人是否感染了結核，並注意各種細節，否則等到把胸腔腹腔打開，就為時已晚了。在我們法醫學教室，要進入解剖室時，每個人都會戴上特殊的口罩以防止感染，這是與專門治療結核病之醫院所使用的口罩同等級的產品。

提到結核病，或許您會有「以前才有的疾病」的印象，然而在2015年時，因結核病而死亡的人約有1955人，而這年發現患有結核病的「新病人」人數則有1萬8280人，決不是個小數字（引自厚生勞動省「結核登錄者情報調查年報集計結果」）。而這年日本的結核罹患率（國內每10萬人口的發病人數）為14．4人，比前一年度少了一些。然而多數先進國家均屬於結核病低蔓延國，他們的結核罹患率都在10人以下，這樣看來，結核病對我國來說仍屬於該注意的疾病之一。

不過，就算感染了結核病，也不代表一定會發病。就算發病，現在已有效果很好的治療藥物，只要好好管理，病人就不會死亡。

除了結核病以外，也需注意經血液感染的病毒。法醫解剖與其他臨床類的手術不同，臨床類的手術範圍大都侷限於一個地方，法醫解剖卻需將肉體的每個部分都切開，並將大部分的臟器取出，相較之下比較粗曠一些，手術時的血液量也相當可觀。

曾有一位纖瘦男性的遺體送到我們這裡來，我們在確認他的外表時，發現他的肛門是張開的。在進行解剖的時候，也發現他的食道內滋生了像是白色黴菌般的東西。於是我們暫時不去管他的死因，而是先思考這些現象的原因。

「肛門之所以會打開，或許是因為同性性交？在食道上確認到的白色黴菌狀物體，應該是白色念珠菌感染。」

由這些推測，我們懷疑死者「可能被愛滋病毒感染」。於是我們做好心理準備，比平時更加謹慎地進行解剖。

解剖後，我們將樣本送往大學內的微生物學教室進行愛滋病檢查，而樣本中也確實檢查出有愛滋病毒。雖然我們解剖時都戴著醫療用的口罩和手套，以防止各種傳染病，但也無法保證絕對不會被感染。然而，因為皮膚接觸到愛滋病患者的血液而被感染的可能性相當低，就算不小心被沾有患者血液的針頭刺傷，感染愛滋病毒或病毒性肝炎的機率也沒有一般人想像中的高。從被感染的機率思考，解剖現場最大的威脅果然還是結核病。

我想說的並不是「法醫是為了那些已死亡的人，拚上自己的性命在工作」。作為工作，我們每天都需要面對遺體，而防止被遺體感染，也是我們法醫工作的一部份。我只是希望對法醫學有興趣，想要以此為工作的年輕人也能注意到這些。

我在解剖台上看了許多以非自然死亡的形式結束一生的人們。

沒有人知道這樣的死亡該算是幸福或不幸。然而，為那些以「非自然死亡」作為結局的人們送行的，就是我們法醫。用比較浪漫的方式來說，我們可說是他們在前往另一個世界之前「最後對話的人」，詢問他們有沒有什麼話來不及說，對這個世界還有什麼留念。我們的工作，就是在面對解剖台上的遺體時，聽取他們沉默的訊息。

## 【第5章參考文獻及網站】

●厚生労働省「平成27年 結核登録者情報調査年報集計結果」
http://www.mhlw.go.jp/file/06-Seisakujouhou-10900000-Kenkoukyoku/0000133822.pdf

# 第6章

# 犯罪事件的屍體

# 一位年輕力士之死

「力士猝死　時津風掌門人遭立案調查」

２００７年９月，日本各大新聞皆出現了這樣的標題。

那一年6月，時太山當時17歲，是相撲流派時津風一門的力士，在練習時，心肺功能突然停止而猝死。當時為他急救的醫院診斷其為「急性心臟衰竭」。愛知縣警方當初以「缺血性心臟病（因動脈硬化等原因造成患者心臟血液不足，進而引發的症狀總稱）」為由，認定其為「病死」，判斷本案無刑事事件可能。

他的雙親看到被搬運回家鄉新潟的遺體時，覺得兒子的外觀看起來像是完全變了一個人，對警方的說詞抱有強烈的不信任感。即使由一般人的眼光看來，也會覺得時太山的遺體看起來「很奇怪」，身上到處都是瘀青與外傷。

在雙親的強烈要求之下，遺體被送往新潟大學的法醫學教室進行承諾解剖。而結果顯示死因並非「病死」，而是被診斷為由激烈施暴造成的「擠壓傷症候群」（Crush syndrome）。在那之後的搜查行動中，依傷害及傷害致死罪嫌逮捕了時津風掌門人及死者的三名師兄。所謂的「擠壓傷症候群」指的是因撞擊造成的傷害，使肌肉細胞釋放出肌紅素與鈣離子至血液中，造成死亡。

在這起事件中，因為警方搜查不夠充分，故沒有發現這個犯罪事實。要是雙親沒有委託法醫進行解剖，事實很有可能會永遠埋藏起來。

以下是我的推測，由於解剖後發現其死因為「擠壓傷症候群」，故時太山的身體應該傷痕累累，說不定還有骨折。或許雙親就是看到這些可怕的傷痕，覺得「異常」，才會委託解剖的吧。

## 傳達「死亡真相」的工作

基本上，光是身體表面有大範圍的瘀青，就足以被懷疑是死因。如第3章所述，若體表面積20～30％有皮下出血情形，就很有可能因為肌肉受損部位所流出的腎毒性肌紅素，陷入「急性腎衰竭」的狀況，並可能造成死亡。

1995年阪神、淡路大地震時，有許多人便是在這個原因下死亡。被壓在自家房子底下的人們，肌肉遭到激烈的衝擊、撞傷，且經過長時間的壓迫，使該處肌肉受到嚴重的傷害。即使救難部隊發現、將其救出，也可能會因為受壓迫的肌肉受到嚴重的擠壓傷，造成急性腎衰竭。

時津風一門事件的問題在於，為死者急救的醫院診斷其為「病死」，警察也認同這樣的判斷。然而從結果來看，警察應該要進行司法解剖才對。

同為醫界的一份子，我認為認定死者為「病死」的醫師也有很大的責任。在為遺體「鑑定（首次接觸屍體時，以醫學角度鑑定死亡事故）」時，若判斷死狀有異，依規定醫師必須通報所轄警察局。在時太山這個事件中也是，如果醫師至少能看出死者死狀異常，「不能確定」是否為「病死」，就不會立刻為這個案件發出「死亡診斷書」了。

我在課堂上教學生怎麼寫死亡診斷書的時候，總是會拿這起案件當作例子。作為醫師，只要稍有懷疑死者可能死於外因，便絕對不能輕易開出死亡診斷書。而且，即使警察在這之前已做出「病死」的判斷，醫師仍有否定這個判斷的選擇權。

而警察也可能會碰到無法自行判斷的情況，這時便會求助於醫學上的見解而委託我們這些「專家」進行解剖。兩者為彼此對等的不同組織，應該要互相幫助才對。無論何時，我們都得從醫學的觀點，將我們所看到的「真相」傳達給其他人。

這雖然是我的個人想法，我認為不論是死亡診斷書或鑑定報告書，都是由負責此工作的醫師以個人名義開出來的文件。法醫更是要站在正義的一方，負起責任，不造假，且不畏懼地說出「死之真相」——我認為這是絕不能讓步的重點。

我作為法醫，也曾經手過數起曾在社會上引起騷動的解剖案例。由於法律上的規定，我不會在這裡寫下具體的事件名稱與解剖後得知的資訊。但我認為，若要讓大家了解法醫學存在意義，以「犯罪事件的屍體」作為題材應該是大家最能夠明白的。因此本章的內容將圍繞在各個「事件」之遺體的解剖。

## 司法解剖必須中立

警察與法醫解剖醫絕對不能成為一丘之貉——這是身為法醫解剖醫的我，永遠放在心中的信念。

在日本，幾乎所有的司法解剖都在大學的法醫學教室進行。

雖然聽起來很理所當然，但我必須強調，大學本身屬於教育、研究機構，與進行犯罪搜查的警察有根本上的不同。我認為將司法解剖交由大學負責，與負責搜查的警察分屬不同組織管理，這種「分工系統」有很大的意義。

若發生殺人事件，警察需針對死者死亡前的狀況與周圍人士進行搜查。聽取家屬或周圍人士的意見，判斷哪些是真話，又有哪些是謊話、哪裡有疑點等。然而，在時太山事件中，警察輕信了掌門人等人的證言「死者是在練習時突然倒下」，而沒有進行司法解剖。

我並不是在「懷疑警察」，但過去確實也曾發生過警察受到發現遺體時的狀況影響，誤判情勢、高估對方證詞的可信度而未能看透真相。此外，也曾有固執己見的警察執著於事件發生當下時的判斷，在法院審判時僅提供「有利的」搜查結果。警察終究也只是由人類所組成的組織，如果在某些做法下可以迅速解決一個案件，難保警察不會出現「主觀的、情緒上的失誤」。

而在這一點上，法醫則是站在中立立場上看待事件。畢竟我們的工作只是「依照警察的委託進行調查，並依結果提出報告」，只要能解開眼前的遺體所隱含的「真相」即可。司法解剖不由警察內部組織進行，而是交由大學進行，可確保解剖結果的中立性。

在以法醫為主角的連續劇中，常可看到主角與警察一起搜查犯人的場景，但這在現實中絕對不可能發生。

以法醫學中立的觀點來看，我認為在我們日常工作時，與警察之間有必要之上的密切關係是不恰當的。而且我個人原本就與警察合不來。在我重考大學時，曾與朋友騎乘自行車雙載，卻被警察擋下來叫去訓話。此外，我還有兩次被騎乘自行車的警察以職權為由強制盤問。所以每當我看到警察時，總是會條件反射般的往反方向逃走，看起來應該很可疑吧。

此外，我也會下意識地與媒體保持距離。事實上，在一次很大的事件中，電視新聞頻繁地報導來龍去脈，各家媒體甚至直接打電話到我工作的地方。由於法醫負責的區域是固定的，故只要稍微查一下就能知道該事件的遺體是在哪個大學進行解剖，我也不會特別隱瞞解剖的人是我。

然而，司法解剖需在法院的許可下，才能依照警察的囑託內容進行，自然解剖結果也只能讓警察知道。許多解剖案例中，會發現只有犯人本人才知道的資訊（像是使用的凶器大小、傷處數目等）。若這些資訊先被報導出來，且被嫌犯聽到，可能會影響到嫌犯供詞的可信度。

若可能會妨礙到搜查，甚至連家屬都還沒得知詳細解剖結果，我們是不能提供相關資訊給媒體的。

我時常在心中對自己說「為了實現社會正義，必須有個人來負責進行司法解剖作業」。

# 死後多年不腐敗的遺體

我在看過許多「殺人事件的屍體」之後，有這樣的感覺。凶手殺掉被害人後，似乎都會有把遺體「藏起來」的想法。像是把遺體燒掉、丟到海裡等等。總之，凶手會為了避人耳目，盡全力把遺體藏起來。

那天送到我眼前的遺體，讓人有種異樣的感覺。明明死者死亡後已過了好幾年，遺體的狀態卻十分漂亮，看起來就像是上個禮拜才死去的遺體。

整個遺體的顏色偏白，醫學上，這種狀態又被稱作「屍蠟化」。在低溫且缺乏空氣的環境下，皮膚底下的脂肪組織會發生化學變化，變成像是蠟燭般的物質。除了埋在土裡以外，放在水中，如長年沉在水壩或河流底下的遺體，都會出現屍蠟化的現象。

屍蠟化並不是由細菌引起的腐敗。雖然是遺體，卻因為沒有腐敗，反而給人很美的感覺。我解剖這類遺體的經驗並不多，但我還記得曾解剖過一具沉在淀川底下半年左右的遺體，他的外表已幾乎屍蠟化而顯得蒼白。當身體幾乎整個屍蠟化時，乍看之下很像白色的蠟像。雖然說是「蠟像」，死者的身體輪廓卻幾乎完好無缺，和生前的樣子沒什麼差別。當眼前有一具大型白色蠟像，果然還是讓人不太舒服。

屍蠟化與木乃伊化同樣被稱作永久屍體，要是進入那種狀態，便能半永久地保持外形。埃及的木乃伊經過數千年後仍保持這個狀態也是一樣的原理。屍蠟化會從屍體的表面開始，隨著時間的經過，使皮下組織以及肌肉逐漸變白。由於是在與空氣隔絕的低溫環境下進行，故其外表會受到周圍環境的影響。有些遺體表面軟嫩有彈性，也有的硬如牛皮。

若死者被殺害後，遺體被埋在田裡土壤的深處數年，便有可能會屍蠟化，且由於沒有受到細菌的影響，故不會出現腐敗現象。遺體是否腐敗，與遺體所處的環境條件有關。其中又以溫度、濕度的影響最大。若環境極為乾燥、溫度特別高或特別低，皆會降低腐敗速度。

法醫學中，有一個關於遺體腐敗速度的規則，叫做「Casper's formula」。假設在地面上的遺體腐敗速度是1，水中的腐敗速度就是2分之1，而在土中則會慢到只剩8分之1。

當然，即使都是埋在土裡，如果只埋數十公分深，腐敗速度和在地表沒什麼差別。如果要讓腐敗速度降到8分之1，至少得將遺體埋到2、3公尺深的土中才行。

要往下挖到那麼深，且要清出一個足以容納一個大人的空間，是件很費工夫的事。不過這也使得屍體得以被保存在低溫環境下，且與空氣又幾乎沒有什麼接觸，可說是非常完美的「保存環境」。由於遺體沒有腐敗，故「證據」也被保存地很好。犯人在被害人身上留下的傷痕深淺與大小皆一清二楚，讓我們在一定程度上得以縮小死因的可能範圍。雖然犯人的目的是隱藏屍體，卻在無意間將屍體保存了下來。

會被媒體大肆報導的殺人事件，大多是犯罪手法比較特別的案件，這些案件中，被害者的死因本身通常比較單純。解剖這些案件的屍體時，與其說診斷死因，不如說是在製作相關的基本資料，以供之後在法院審理本案件時使用。故解剖的時侯，我們常專注在記錄傷痕的長度、深度、方向是否正確等。

## 解剖難度最高的遺體

殺害後以火焚燒的遺體，解剖起來最為困難。

在火災現場發現遺體時，即使遺體已被燒得全身焦黑，原則上還是得進行司法解剖。因為就算遺體在火災現場被發現，並不表示死因一定是「燒死」。

舉例來說，如果有一起火災，起火的原因是房間床鋪旁邊的香菸，且在現場發現了燒焦的遺體。這種情況下，有可能是房間的主人想在睡前吸一根菸，卻因為「心肌梗塞」而死亡，手上的菸掉在床鋪旁邊而引起火災。或者是另有他人讓房間主人服用藥物，使其「藥物中毒」死亡再放火。

在這些情況下，死因就不是「燒死」，而是「心肌梗塞」，或者是「藥物中毒」。

解剖這些在火災現場發現的遺體時，我們會特別注意死者的氣管。被燒死的人，氣管會呈現煤炭般的黑色。

我在幫大學生上課時，曾在沒有任何提示下，把被燒死的遺體氣管內側照片放出來給學生們看。看到照片的學生問我「這是有在吸菸的人的氣管嗎？」然而，如果只是吸菸，氣管內側並不會變得那麼黑。

火災發生時，如果這個人還活著，就一定會有呼吸。呼吸時，會將火災現場的灰燼吸入體內，使氣管變得一片黑。另一方面，如果火災發生時這個人已經死亡，由於沒有呼吸，故不會有灰燼進入氣管，使氣管保持原本乾淨的樣子，完全沒有染上黑色。

站在法醫學者的立場來看，與一看就知道死因為何的遺體相比，我們對需要仔細探究死因的遺體更感興趣。另外，看起來與犯罪無關，卻因為死因不明而以承諾解剖的形式送過來的遺體，也容易引發我們的疑問，讓我們從醫學上的角度去研究「這個人究竟是怎麼死的」或者也可以說，即使與此有關的犯罪事件本身沒什麼特殊性，若遺體本身沒有什麼傷口、難以確認死因，解剖起來雖然相當困難，但以醫學的觀點來看卻很有趣。然而若要診斷其死因，需要做各式各樣的檢查，費用相當高。

我之所以會從事法醫學的工作，也是因為對「人類的生與死」有興趣。正因為這樣，才有辦法持續做這個工作20年以上。

## 咖哩內的遺體

先前提到，解剖於火災現場中發現的遺體時，要特別注意「氣管內的灰燼」。在日文我們把這個叫做「生活反應」。

氣管內有灰燼，就是這個人在火災發生時「還活著」的證據。也就是說，生活反應就是指只有在活著的時候才可能造成的損傷或現象。

如果突然以手術刀切開皮膚，會出血是很正常的事，但若解剖的是遺體，以手術刀切開皮膚時，並不會有出血情形。走路時如果腳被撞到，會出現瘀青，不過即使用啤酒瓶用力敲遺體的腳，也不會出現瘀青情形。活著，一定會出現生活反應——反過來說，「沒有生活反應」就是「已經死亡」的最好證明。

此外，當胸部被菜刀刺傷時，會因為大量出血而死亡，其皮膚、結膜、臟器等會因為失去血液而顏色偏白，我們把這種色調稱作「蒼白」。而「蒼白化的結膜、臟器」即是在說明這個人的生活反應。即使拿刀刺進已死之人的心臟，也不會有出血現象，臟器不會流失血液，故不會變成白色。而臟器變白，就表示在受傷的這段期間內，持續跳動的心臟將循環系統內的血液一直打出血管，使血管內的血液逐漸流失。

另一方面，如果是分屍案，解剖時即使用手術刀切入手腳的皮膚並不會有出血現象。分屍案中，凶手通常是在死者死亡後才將遺體切割開來。而切割後的遺體，皮膚不會有出血現象，故如果只有找到手、腳，或只有軀幹，就可以斷定遺體「沒有生活反應」。

過去我曾碰過一個很誇張的案例。警方從犯人自家冷藏庫中一鍋煮得爛熟的「咖哩」內發現了死者的遺體。這恐怕是為了要消除腐敗的臭味，才將遺體切細後放入咖哩的吧。在這鍋咖哩內也發現了各個部位的骨頭，不過屍體既然都變成這個樣子了，當然也不會有生活反應，要判斷死因是不可能的事。

若將遺體藏在房子裡，隨著腐敗作用的進行，會發出特殊的屍臭味。犯人若要消除這種臭味，常會將屍體放入冰箱內以延緩腐敗，或者放在防水的容器內密封起來。為了做好這類「隱蔽工作」，有些犯人會將遺體分屍。

然而，要將遺體分屍所需要的勞動力比一般人想像中得大。我曾經解剖過一具遺體，軀幹的頸關節、肩關節、腰關節全被切開。犯人是一位完全沒有相關醫學知識的老年人，理應不曉得如何將軀幹與頭部、上肢、下肢等部位分離，卻一個人只花了一小時便完成了這件事，聽到時讓我大吃一驚。而且這具遺體上，每個切口都非常地漂亮，讓我不禁懷疑他是不是從事與醫療相關的行業。

順帶一提，如果遺體被發現時已是被分屍的狀態，送來解剖的當下通常不曉得遺體主人的身分。這時，查出遺體的年齡、性別、身高等有助於確認身分的資訊，也是我們法醫的重要工作。

以性別為例，男女的顱骨及骨盆有幾個明顯不同的特徵，從大小與形狀也能大致看得出來是男是女。當然，如果採集得到ＤＮＡ，也可以由ＤＮＡ判斷是男是女。至於身高，由於四肢骨頭的長度與身高有固定的比例，故可藉公式計算出來。因此也可以用這種方法推測已化為白骨之遺體原本的身高。

顱骨上各骨頭的交界又被稱作「骨縫」，這是我們用來判斷年齡的一大重點。顱骨是由許多塊骨頭合在一起構成的。骨與骨的交界會隨著年齡增長而逐漸消失，故交界消失的程度（骨化程度）可用作推測年齡時的參考。除此之外，牙齒的磨損程度、骨盆的狀態也是判斷年齡時可參考的部位。

從「生活反應」的有無，一直到年齡、性別、身高等的推測，法醫會使用所有想得到的方法，推敲出遺體的資訊。

雖然我們總希望我們的努力可以幫助實現社會正義，但並不清楚這些資訊究竟能為警察的搜查工作帶來多少幫助。向警察報告解剖結果之後，有時我們會被要求以證人的身分於審判時出庭，但多數情形下，在將解剖結果交給警察後，我們的工作就結束了。

## 咖啡因中毒造成的死亡

所謂的意外，是在本人沒有預期到的情況下降臨的災難。在我看過許許多多非自然死亡遺體後，我有時會隱隱約約覺得，看似平常的生活，說不定也埋藏著意想不到的危險。

其中，最近讓我最在意的是「咖啡因中毒死亡」。聽到咖啡因也可能會讓人中毒死亡，或許會讓您感到驚訝。咖啡因是許多茶、咖啡等飲料的成分，幾乎隨處可見。一天喝五杯咖啡的人亦所在多有。事實上，將被解剖遺體的血液拿去進行藥物分析時，多數人的血液中都可驗出微量咖啡因。

咖啡因經體內消化管吸收後，會被送到肝臟分解，一般來說不會中毒。然而最近便利商店開始販賣含有大量咖啡因的「能量飲料（Energy drink）」，使得一般人也能藉由網路簡單購得來自海外、富含咖啡因的粉末或錠劑，故常有人會一口氣攝取大量咖啡因。接下來要講的就是咖啡因中毒死亡的案例。

〈一名九州的男性喝下大量以「能量飲料」著稱的含咖啡因飲品，因而中毒死亡。福岡大學（福岡市）於21日就這個問題發表了解剖結果。該名男子血液中的咖啡因濃度確實超過了致死量，且在死者的胃中發現了咖啡因的錠劑，負責解剖的福岡大學久保真一教授（法醫學）於記者會上表示「短時間內大量攝取咖啡因是相當危險的行為」。

福岡大學表示，該名男性年齡約為20～25歲。他在加油站打工，時間為深夜到早晨，為了驅散睡意，從一年多前開始就有在喝含有150毫克左右的能量飲料。在他死亡的前一周左右，曾向家人提起身體狀況有些失調，也有嘔吐的現象。並於去年某天上午11點半左右於家中開始嚴重嘔吐，之後他上床休息，但下午4點時家人發現他失去意識，隨後並確認他已死亡。

咖啡因的致死濃度為每公升血液含有79～567毫克。解剖時，死者血液則是驗出了182毫克的咖啡因。且胃內還找到了咖啡因的錠劑粉末，故作出了中毒死亡之結論〉（2015年12月21日刊行 每日新聞）

當然，如果以驅散睡意為目的，在適當的時間內飲用適量咖啡，完全不會有任何問題。但如果一次攝取過量的咖啡因，在某些情況下可能會造成中毒。即使是能量飲料，根據喝的方式不同，仍會有一定的風險。

我們的法醫學教室也解剖過因咖啡因中毒而死亡的遺體。死者是一名50多歲的男性，平時有工作，卻也因為糖尿病及睡眠呼吸中止症候群而常到醫院報到。他從10年前左右就常服用外國製的含咖啡因營養品。然而在某個深夜，他卻因為喝了能量飲料以及服用了兩種含有咖啡因的錠劑，使體內咖啡因濃度過高，中毒而死。

說到中毒，我還有一個很難忘的解剖經驗，那是一名因食用有毒菇類而中毒死亡的案例。死者是一名50多歲的男性，他與幾個朋友們一起在山裡採菇，並將採到的菇類煮成火鍋吃下肚，卻因此而死亡。據說在吃火鍋的時候他就覺得身體不大舒服，死前本人還說著「或許是搞錯（菇類）了」，看來是將毒菇誤以為是可食用的種類了吧。

近年來，興奮劑與毒品等法律禁止使用的藥物所造成的中毒事件，引發了不少問題，然而在我們身邊，還存在著其他讓我們中毒死亡的威脅。

## 受到槍殺的遺體

在日本的犯罪事件中，常見的殺人方式包括以手或繩子勒住脖子絞殺，以刀刃刺殺等，使用槍枝殺人的案件非常的少。我至今所解剖過的遺體中，只有五具是受到槍殺。

由槍擊造成的傷口稱作槍傷。槍傷之所以能致死，是因為由槍管發射出來的子彈破壞體內的臟器或血管，直接導致死亡。

物體的動能（K），也就是與其他物體發生撞擊時爆發出來的能量，可由公式「K＝二分之一×質量（M）×速度（V）平方」計算出來。子彈本身雖然很小，但飛行速度非常快，故具有相當大的能量。子彈在通過身體的過程中會破壞臟器，且散發出來的熱也會為周圍組織帶來損傷。

受槍擊的遺體外表通常有兩個彈孔，一個是子彈射入體內時的彈孔（射入孔），一個是子彈射出體外的孔（射出孔）。或許在各位的想像中，子彈在這兩個孔之間會以直線進行。

但事實上，子彈進入體內後不一定會直線前進。子彈在撞到體內堅硬骨頭時可能會改變方向。此外，體表也有可能只找得到射入孔，卻找不到射出孔，這表示子彈還留在體內。

射入孔的大小大致上與子彈相同，是一個小小的孔，然而形成射出孔時是由身體內側往外側噴發出去，故通常會呈現橢圓狀的孔洞。如果槍傷發生在頭部，一般而言，在頭骨內側會出現由內而外、如蜘蛛網狀的骨折。

另外，當子彈發射時，火藥粉末與高溫氣體也會同時被發射出來，若槍口離身體很近，在射入孔周圍會有火藥殘留，並留下燒傷痕跡。

曾有因為受槍擊而死亡的遺體被送到我們這裡來，據說是與某個黑道組織有關連的人物。解剖結束後，我像平常一樣從解剖室出來時，看到許多打著黑色領帶，看起來像黑道兄弟的男性，一言不發地站在那裡。我被這難以言喻地威壓感所震懾，趕緊以有東西忘在解剖室裡為由，從後門悄悄逃到另一棟建築物。這段回憶我仍記憶猶新，不過那名死者到底是受了什麼樣的槍傷，我卻早已忘得一乾二淨了。

## 「犯罪事件屍體」與「階級」

「犯罪事件屍體」具有「階級」的問題。

我們法醫學教室負責的區域為兵庫縣內屬於阪神地區的六市一町，若以各警察署（譯註：類似台灣警察分局）管轄範圍來看，有九個警察署會將轄區內的遺體委託我們進行解剖。在我們負責的區域內，有全國知名的富裕階級聚落，也有庶民風情濃厚的區域。

在2015年，我們共解剖了320具遺體。其中，由蘆屋署委託的解剖案件僅有11件，相對的，由尼崎署委託的解剖案件則有138件。而由國勢調查的資料來看，蘆屋市人口為9萬5440人，尼崎市則有45萬2571人。以每1000人的解剖數來看，蘆屋市為0．12人，尼崎市則是0．30人。也就是說，尼崎市「被解剖的比例」是蘆屋市的近三倍。

由大阪大學社會經濟研究所大竹文雄教授的調查與統計資料顯示，高失業率及較差的經濟狀況（低所得）與犯罪率有很大的關係。這份統計的原始資料來自「勞動力調查」、「人口動態統計」、「犯罪白皮書」，節錄其中的「失業率、犯罪率、自殺率」等資料，以及隨時間的變化。由這些資料顯示，犯罪率與失業率的相關程度，比自殺率與失業率的相關程度還要高。

此外，美國的研究亦顯示，失業率與他殺發生率有高度相關。在我們負責的區域內，失業率最高的是尼崎市，約為7．5％；相對的，蘆屋市則是5．6％（引自2005年國勢調查）。而若由每十萬人之他殺發生率（2003～2012年，兵庫醫科大學法醫學教室之調查）來看，尼崎市更是蘆屋市的三倍以上。

雖然這只是我們機構自己的統計資料，但由此也可看出，個人的經濟狀況差異，或多或少會影響到他殺發生率。

可以想像，「犯罪事件屍體」的背後，也和現代社會的「階級」具有一定的關聯。

## 殺害孫女再自殺的爺爺

明顯是「他殺」的遺體，一般都會送到全國各地的法醫學教室進行司法解剖。此外，如同先前所述，儘管已確定與犯罪事件有關，只要死因不明，仍需送交司法解剖。

重新調查了一次我們法醫學教室曾解剖過的案例（2003～2012年）後發現，被認為是他殺的案例有81個，只佔了全部解剖案例（1548例）的5．2％。

日本的殺人案所使用的殺人手法以頸部絞殺（壓迫頸部殺害）、刺殺（以銳器殺害）、撲殺（以鈍器殺害）為主。

而且，我們法醫學教室處理過的案例中，加害人是被害人三等親以內之親屬的案例，佔了所有案例的半數以上，為55．6％（81個案例中有45個）。若統計不同殺害手法下，加害人與被害人之間的親屬關係，可發現當他殺手法為頸部絞殺時，加害人與被害人之間為親屬關係的案例佔了83．9％；以銳器殺害時則是27．3％；而以鈍器殺害時，加害人與被害人有親屬關係及無親屬關係的案例各佔約一半左右。

殺害身邊的親人時，會優先選擇壓迫頸部，我能理解這種心情，畢竟有些恨意與殺意就是源自於愛。想必他們真的要下手時，因為還懷有最後的良心，才會排斥使用其他工具傷害親人的身體吧。

殺害親人的他殺事件中，有一件讓我相當難忘。

那是在數年前發生的事。一名高齡男子掐死還沒上小學的孫女，隨後自己上吊自殺。被害者是加害者女兒的小孩，這是在連假之際，女兒回鄉探親時發生的事件。

事實上，被殺害的女童患有不治之症，而祖父對孫女的未來感到悲觀，於是親手了結了她的性命。據說遺書上還寫著「這孩子就由我來帶走」。

由於這明顯是犯罪殺人事件，故兩人的遺體皆以司法解剖的形式被送到我們這裡。

在我們大學的解剖室內，另有一個準備室供我們整理遺體外表。一般來說不會讓親屬進入準備室，但唯獨那一次，在警察的許可之下讓年幼死者的母親進入了準備室。「希望能在手術刀切開身體之前，再讓我看女兒一眼。」她如此拼命懇求的樣子，打動了在場的人們。

當時那位母親悲愴的哭聲，至今仍猶在耳邊。同時失去了親生父親與愛女，而且父親竟然就是奪走愛女性命的兇手，她的悲痛想必是我們難以想像的。

## 悲傷的紅色

本來，法醫只要默默的完成「該做的事」，做好解剖的工作就好。不過，當我們看到小孩子或年輕人的遺體時，還是會覺得相當難受。

遇到這種情形，我們總是會想要盡早結束解剖的工作。如果是他殺案件，就必須有人為躺在解剖台上的遺體下刀。然而即使經過解剖，這個孩子也不會活過來。我在這種心理矛盾下，常只覺得想快點將遺體還給家屬。

過去曾發生過一起連續刺殺事件，受害者是數名小學生。事件發生當日，我正在吃午飯的時候，聽到NHK的新聞正在報導這起事件。既然是犯罪事件，顯然受害的兒童都得送交司法解剖。想到孩子的家屬們會多麼傷心，就覺得心痛。同時又想到，為這些被刀刃殺害的小孩子們解剖的法醫，需連續解剖好幾個同樣的遺體，這得承受多大的精神負擔，恐怕不是一般人所能夠想像的。

我們進行解剖的時候，一般會將所有臟器都取出體外，一一觀察。就算死因已相當明確，這個作業流程也必需完成，因為這是法醫學上的必要工作。即使如此，當我們必須剖開這些無辜孩子的身體，把他們的臟器一個個切離出來時……還是難以保持平常心。

過去曾有一次解剖經驗，讓我站在解剖台前，遲遲難以下刀。受害者是一位國小低年級的可愛女孩。她遭到一名陌生男子以利刃殺害，於是被送到我們這裡。

我一開始看到躺在解剖台上的遺體時，她穿著鮮紅色的衣服。正當我覺得「啊，她穿的衣服真是漂亮」時，靠近仔細一看，才發現那不是衣服本來的顏色，而是白色的衣物被她的血染成一片鮮紅。

被逮捕的犯人於自述中亦承認他是殺害女孩的凶手。原本我只打算一如往常地進行解剖，但當我正打算打開顱骨時，突然想質問自己「難道還有必要繼續傷害這個孩子嗎？」

然而，我們的工作就是仔細探尋，不放過各種可能性，以確認遺體主人的死因。包括取出心臟、打開腹部、打開顱骨等動作，都蘊含著這樣的意義。

於是我放下猶豫不決的心情，重新握好手術刀。

這是我唯一能表達弔唁之情的方式。

## 【第6章參考文獻及網站】

●西本匡司、西尾元ほか「兵医大医会誌」第39巻　p.77－81（2014年）／「阪神間における他殺解剖事例の検討」

●大阪大学社会経済研究所教授　大竹文雄「勤労者福祉」No.71　p.6－10（2003年）
http://www.iser.osaka-u.ac.jp/~ohtake/paper/situgyoitami.pdf

●毎日新聞「カフェイン中毒死　血中濃度、致死量…短期間に大量摂取か」（2015年12月21日配信）

●西口美紀、西尾元ほか「数種の外国製カフェインサプリメントの過剰摂取により死亡した一剖検例」（第63回日本法医学会学術近畿地方集会講演要旨集　p.29　2016年）

●久保真一ほか「エナジードリンクを多量服用したと考えられるカフェイン中毒の1剖検例」Jpn J Alcohol & Drug Dependence 2015 50:227

# 第7章 幸福的屍體

# 癌症造成的自然死亡

平穩安靜地面對即將到來的死亡，這對一般人來說應該是最棒的結局吧。想必不會有人想要經歷本書中曾提過的各種「非自然死亡」。

然而就我而言，由於每天都會接觸到各種形式的遺體，因此或許我對於「幸福的死亡」的定義，會和各位不太一樣吧。

獨居生活並悄悄死去的人看似可憐，但或許死者本人對於這種死亡方式並沒有任何不滿。待在醫院裡，在看護照顧之下死亡的人看似平靜，但死者本人是否真的覺得幸福，那又是另一個問題了。

我過去曾在中國地方（位於日本本州山陰山陽地區）某間醫院擔任內科住院醫師。那時曾有位高齡女性被診斷出「胃癌」，卻頑固地拒絕各種針對癌症的治療方式。

該名女性已有80歲，住在鄉下的一間房子內，過著悠哉的生活。她沒有其他家人，到市區的醫院看病單程需要花費一個小時通勤。

主治醫師曾數度對該名女性說：「切除腫瘤吧，趁現在開刀還治得好」想試著說服她，然而她卻從來不曾點頭。即使如此，作為一位醫生，只要眼前有一名治療後可能痊癒的患者，就不置之不理。因此，醫生只好說：「請您至少一年回來複檢一次」，希望能持續關注病情發展。

因為沒有進行任何治療，癌細胞當然會持續擴散。然而相較於接受手術，她似乎比較喜歡原本的生活。

在法醫學的現場中，「置之不理的癌症」——也就是不接受任何治療，任癌細胞自然生長，最後死於癌症的案例並不少見。然而在臨床現場中，像這樣對癌症視而不見的案例，恐怕很少吧。在我以住院醫師的身分在這家醫院研修的期間，那位女性的身體狀況逐漸變糟，開始住院。不久後，我的研修也結束了，因此沒能親眼見證那位女性最後的樣子。不過，這位病患讓年輕的我從不同角度重新思考人類的自然死亡，對我來說是很寶貴的經驗。

## 死亡的幸與不幸

如同之前所說的，在法醫學的現場，我見過許多因酒精而死亡的遺體。

我曾解剖過一具遺體，死者在生前喝了酒，喝醉之後在回家的路途上搖搖晃晃地走著，最後跌落路邊的排水溝，不幸溺死。排水溝裡的水深只有10公分左右。

「這點深度的水，怎麼會把人淹死呢？」

或許有些人會這麼想。但事實上卻有不少喝得爛醉的人會倒在路邊熟睡，如果不小心倒在水窪裡，溺死的機率就很高了。

同樣的，也有人喝醉後莫名其妙地死在道路施工現場。不曉得這個人是怎麼走的，被發現時他的脖子上纏繞著示警護欄上的繩子，死因是窒息死亡，只能說是地點與時機太不湊巧了。突發性的死亡事件，總是由許多偶然堆疊出來的。

而在喝酒後所引起的意外死亡中，其中不少是從車站的月台跌落而死。這類意外常發生在星期五的晚上。週末的前一天，與同事或朋友一起慶祝的酒席結束後，回家的路上心情正好，卻在途中跌落月台，頭部受撞擊，甚至被電車輾過而喪失性命，這種例子並不少見。

除此之外，有的人在冬日的寒空下，喝完酒後就這麼倒在路邊草叢中睡著，最後凍死在室外；也有人在某些原因下向後摔倒，頭部受到強烈撞擊而死亡；還有的人是倒在路上後，被經過的車輛輾過身亡。

警察曾和我說過，這些人在頭骨骨折時，還會稍微走一段路。不過一般來說，在頭骨骨折的狀況下走路，應該會感到劇烈疼痛，或許是在酒精的作用下，讓他們感覺不到疼痛了吧。

當我站在解剖台前面對這些遺體的時候，常會邊嘆氣邊想著「要是沒有喝酒，或許就不會死了」，覺得他們太不小心，但另一方面，也覺得「用這種方式離開人世，或許也算是一種幸福」。

這些人或許是在喝下自己喜歡的酒，感覺舒暢，不曉得發生什麼事的情況下死亡的吧。對他們的家人來說或許是個不幸的意外，但對他們自己來說，又是如何呢？站在他們的角度來看，我覺得這種死亡的方式或許沒有想像中那麼差。

當然，如果有人問「你也想變成那樣嗎？」我沒辦法說自己喜歡那樣的死法，但人是一定會死的。可能是在與病魔的長期戰鬥後死亡，也可能是因為心肌梗塞突然死亡，無論如何，都是死亡。和在法醫學現場中，被捲入犯罪而死亡的小孩子，或殺害親人後再自殺的祖孫之死是一樣的。

對他們來說，這種死亡到底是幸還是不幸？作為一位醫生，以及一名人類，我常思考這個問題。

## 人生最後的「便民服務」

要在哪裡走完人生的最後一程呢？在考慮到「幸福的死亡」時，這便成為了一個大哉問。

當然，如果能在住得習慣的城市，在家族、親人的包圍下平靜的死亡，是再好不過的事。但在核心家庭為主流的現代，可以做到這件事的人應該少之又少了。在公共交通設施與照護機構的陸續增加下，使大都市與近郊都市聚集了不少老年人。然而，在居民的老年生活方面，各地區的「便民服務」有著「階級差異」，這也是不爭的事實。

我認為所謂居民的「階級差異」，包含了法醫解剖。

在第4章中曾提到，日本警察廳所發表的資料顯示，各都道府縣的法醫解剖執行率有著很大的差異。神奈川縣的39．2％為最高，接下來是兵庫縣的33．4％、沖繩縣的30．8％、東京都的18．2％、大阪府的15．0％等。另一方面，解剖率低的區域包括3．8％的群馬縣、3．3％的靜岡縣、3．1％的大分縣、2．7％的岐阜縣，而最低的廣島縣則只有1．5％。在神奈川縣發現的非自然死亡遺體約有40％會被解剖，然而廣島縣則有98％以上的遺體會在沒有解剖的情況下被處理掉。

也就是說，同樣是「非自然死亡」，會因為居住地或是遺體發現地點不同，而有不一樣的待遇。

我目前負責的是兵庫縣部分區域的法醫解剖，然而解剖類型（分類見第1章說明）卻與隔壁大阪府所進行的法醫解剖有很大的不同。於大阪府的法醫學教室內進行的解剖幾乎都是與犯罪搜查有關的司法解剖，不過在我所屬的教室，司法解剖僅佔所有解剖數的不到四分之一。其餘解剖案例則是被認為與犯罪事件無關、死者家屬要求的承諾解剖，或者是以身分調查為主要目的的調查法解剖。

大阪府與兵庫縣是兩個相鄰的區域，因犯罪而死亡的人數理應沒有太大差異。在警察檢視遺體時，必須判斷這具遺體是否與犯罪事件有關，若明顯有關，就送司法解剖，如果關係性不大，則需判斷是否該以承諾解剖的方式處理。然而，各區域警察的判斷基準也有很大的差異。

我前一個任職的地點在大阪一所大學，做的全是司法解剖。當我來到目前任職的兵庫醫科大學之後，被極高比例的承諾解剖案件嚇了一跳。

雖然以解剖統稱，但解剖工作包括了各種檢查，如防止傳染病的病原體篩檢，以及藥物檢查等，因此處理一具遺體必須花上不少錢。不過，即使解剖方法與各種檢查的所需費用都相同，司法解剖與承諾解剖，兩者消耗的金額卻有很大的差異。

以兵庫縣的情況來說，承諾解剖的所需費用，通常比司法解剖還要少很多。由於承諾解剖與犯罪事件無關，故通常不需花太多錢做檢查。然而，如同先前所述，和那些在解剖前就已經確定死因的司法解剖案例（如胸部被菜刀刺傷之類）相比，為外表沒有傷痕的遺體進行承諾解剖時，需做較多的檢查以診斷其死因，花費也會比較高。事實上，在有限的預算內，通常難以進行充分的檢查。

## 「解剖階級」的現實

我至兵庫醫科大學赴任不久後，便向負責區域的警察提出這樣的請求：「如果承接太多承諾解剖，便沒辦法一一充分檢查，會影響到解剖工作的品質。如果懷疑屍體可能與犯罪有關，請儘可能改以司法解剖形式進行委託。」在那之後，警察就幾乎不再送家屬要求的承諾解剖的案子過來，我們的解剖工作也只剩下司法解剖。

我想警察應該是依據前一年度的業績，每年向上頭申請法醫解剖預算吧。司法解剖的預算是來自國家，而承諾解剖的預算則來自各都道府縣的撥款。我可以想像，那年司法解剖數的突然增加，應該對警察造成了不少困擾。

這件事造成的影響比我想像中得大。據說負責地區和我相同的「警察醫」為了這件事而感到頭痛。

日本各都道府縣的制度雖有些許差異，不過所謂的警察醫指的通常是具有醫師執照，並接受負責區域之警察署的委託，執行必要之警察業務（如採取嫌疑犯血液、為被拘留人進行健康診斷等）的醫師。非自然屍體的檢案一般也是由他們負責。

因為我不再為遺體進行承諾解剖，故警察醫必須依遺體的外觀以及其他相關資訊（有無重大病史、周圍狀況等）開出鑑定報告書。若警察醫的診斷有誤，也會被追究責任。

「之前的法醫都願意接承諾解剖，怎麼現在這一位就不願意了呢？」

過了不久，這樣的聲音便傳到了我的耳中。我絕對沒有拒絕解剖工作的想法，但就結果而言，會變成這樣，似乎是因為我無視這個地區的潛規則。

藉由這次經驗，讓我明白人們「在哪裡死亡」會直接影響到是否有機會被送去解剖，以及會以哪一種方式進行解剖。每個地區的狀況都各有不同。

即使同樣被送去司法解剖，不同大學的法醫在解剖內容上也有所差異。司法解剖會受到負責解剖的法醫之個人見解，決定要調查的方向，負責解剖的法醫個人的知識與常識也會大大的影響解剖內容。而且，各法醫學教室的教職員數相當有限，故每個教室可執行的檢查內容也會有一定的差異。

法醫學的相關人士正致力於減少因為地區與法醫的不同而造成的解剖品質差異。可見即使同樣在日本，在不同地區死亡後，所接受的「解剖服務」，也存在著「階級差異」。

## 為生者帶來貢獻的死者

從我進法醫學教室工作已有20年，除了每天的解剖之外，我也會以工作時的發現與獲得的資料為基礎進行研究，並在學會或學術期刊上發表。

我從香川醫科大學（現在的香川大學醫學部）研究所畢業後，曾到美國留學。美國的研究生活非常艱苦，若在取得博士學位的4、5年內沒能擁有自己的研究室，未來可說是一片黑暗。即使某天研究室信箱中突然出現「逐客令」，通知「明年就不會再僱用你了」也不奇怪。我看過好幾個帶著家庭過來，卻在某天之後就沒了工作的研究者。我在留學生活中學習到，能在這種環境生存下來的，才是所謂的「知識分子」。

一般而言，這個世界上有許多知識，若不立刻應用，就會失去意義，就像臨床醫師在病患前來求診時就得看診，並做適當處理。另一方面，我們的研究成果或許某天可以派得上用場，卻不一定能立刻應用。不過，既然我們靠著這份工作得到固定收入，我認為我們也應該要拿出像樣的成果才行。

目前我最大的研究主題是「猝死」。

所謂的猝死如其名所示，就是指本來看起來很健康的人，在沒有任何徵兆下，突然因為某種疾病而死亡。至今已有好幾個突然死亡的案例被送到我們的法醫學教室。

比如，在體育課時突然倒下的國中男生。

或是之前完全沒有任何徵兆，卻在睡覺時死亡的大學女生。

不管是哪個案例，都無法藉由解剖找出他們的死因。

不過，有種遺傳性疾病會讓人在運動時發生非常嚴重的心律不整，導致猝死。在我分析研究這種由基因造成的「遺傳性心律不整」的時候，發現死亡的男國中生基因異常，並懷疑這名男孩的死因很可能是嚴重的心律不整。雖然解剖的時候並不明白他的死因，但之後的研究卻成為了診斷其死因的關鍵。

這項研究的結果不僅讓法醫在解剖、診斷死因時多一個提示，由於這名男孩的基因異常，故與他有血緣關係的親人們也有一定機率可能出現基因異常。換句話說，男孩的家屬也可能會在同樣的原因下突然死亡。如果檢查發現家屬的基因異常，也可以盡早讓他們接受治療，防止猝死。

同樣的概念也可應用在結核病上。如同第5章中所述，在進行解剖時，結核病是我們法醫最需要防範的一種傳染病。

因結核病發病而死亡的人，通常是經濟上有困難的人。他們常因為營養不良使免疫功能下降，在生前身體狀況就不是很好，咳得很厲害，也有大量的痰，但卻沒有錢就診。

若這樣的人在家中死亡，需藉由解剖診斷其死因是否為結核病，以防止家人或其他曾與死者接觸的人們被感染。若解剖後確認是結核病，依規定需向當地的保健所（譯註：類似台灣的衛生所）報備，並調查死者家屬與曾與死者接觸過的人是否有被感染，以防止病情擴散。

從死者身上得到的資訊，應用在臨床上。這代表即使被解剖的人已經死亡，還是能為社會帶來貢獻。藉由這種方式，法醫學也能主動參與「生者的醫療」，我認為這是相當有意義的事。

## 法醫學對生者的貢獻

那是發生在某年12月下旬的事。一對父母與兩個孩子，一家四口在車內燒炭自殺，遺體被送到我們的教室。

一家四口的外表皆呈鮮紅色，警方推測是因為吸入了大量因木炭不完全燃燒所產生的一氧化碳。我在當日便進行了四人的解剖工作。若有多具遺體，通常會分成兩天進行解剖，但這麼一來，就必須將尚未解剖的遺體暫時安置在警察署內，也就是得讓他們親子分離兩處。當時我考慮到還需進行葬禮，故判斷在同一天將所有人的遺體一起交還回去，因此一起解剖是比較好的做法。

即使遺體的數量較多，解剖的方式仍與以往相同。

由於已經知道死因很可能是「一氧化碳中毒」，故解剖本身並不困難。解剖時測量血液中的一氧化碳血紅素後，得到非常高的數值。四個人的一氧化碳血紅素皆在80％以上，讓我印象非常深刻。

即使和原本想的一樣是一氧化碳中毒，但還是有解剖的必要。如果孩子是先服用藥物睡著，再吸入一氧化碳而死亡，那麼死因就不是一氧化碳中毒，而很有可能是藥物中毒。由於是在同一部車內燃燒木炭，故一般會認為他們是在幾乎同樣的時間點死亡。為了確認這點，我們需在解剖時觀察四個人的屍體現象（體溫下降、死後僵直、屍斑）是否幾乎相同。

即使看起來像是集體自殺，只憑在車內被發現的四人遺體，仍無法確定他們是在同一時間死亡，說不定這起案例中還隱藏著其他犯罪的可能。既然法醫學的工作是要找出「死亡真相」，就應該照著步驟一一調查所有的可能性。

在那之後，驚察在媽媽手機內的筆記APP找到了遺書，內容寫著，次男長期受異位性皮膚炎而苦，全家人因此而相當煩惱，最後在痛苦的心情下，決定一起自殺。

在自殺之前，載著一家人的車曾停在便利商店前。父母在這家便利商店買了自殺時使用的木炭，同時監視器卻拍下了孩子們一無所知、天真無邪的笑容。不曉得雙親究竟是抱著什麼樣的心情自殺的呢？

在為這一家人解剖時，我因為自己除了解剖之外什麼也做不了而感到相當無力，同時也深深地希望皮膚科、免疫學的醫師們能夠加緊研究，盡快找出治療異位性皮膚炎的方法，讓病人們免受其苦。

因為身處法醫學現場，我遇到許多社會的現實面。

同樣走在醫生的道路上，法醫並沒有辦法直接拯救人們的性命。然而我最近卻逐漸感覺到，我們有必要縮短與臨床醫師的距離，讓臨床醫師能夠明白在法醫學現場所看到的現實。

## 站在死亡的角度看世界

或許很少人聽過，但法醫學有時也會「以活著的人為對象」。其中，診斷兒童的「被虐行為」就是其中的代表。

在日本，受虐待的孩子會交由兒童相談所的兒童福祉司庇護。他們被送來醫院時，會由我們確認他們身上有沒有留下打擊的痕跡或骨折情形、身上有沒有傷口、有無出血現象等。因為他們都是還沒辦法流暢地用自己的語言表達的小小孩，或者是嘴巴很硬的青春期孩子，故需要由我們為他們身心的疼痛發聲。

我實際上處理過的受虐兒童並不多。然而我卻看過許多皮膚到處都是香菸燙傷，或在背上有多處刀刃劃傷痕跡的孩子。這些孩子的共通點是都很瘦弱，想必是沒有得到充足的飲食吧。

我再一次體認到，我們做的是有關「生命」的工作，這同時包括了「生」與「死」兩個角度。

在現代社會中，人們面對與自己沒有直接關係的生命時，常會保持一定距離。然而，過去人們與街坊鄰居之間常建立起很深的關係，當鄰居有人死亡，就像是自己的熟人死亡一樣，所有住附近的人都會一起祭拜。那時，人們似乎比較關心他人的「生」與「死」。

到了最近，多數的人在醫院裡死亡。醫院是個專門用作醫療的場所，然而另一方面，卻也是個與社會隔絕的空間。因此，我們親眼看到人們出生、老去，以及死亡的機會也變得相當有限。

這種說法可能不太好聽，不過當人們即將死亡時，某種意義上會變得越來越「骯髒」。一直躺在床上，沒辦法洗澡、沒辦法吐痰、糞尿隨地亂流。所謂的「漸漸死亡」，也就是這麼一回事。

面對這些「不想看的現實」，現代人常會想要離得越遠越好，或許這也是一種潔癖吧。當判斷某個人沒辦法為社會做出貢獻時，往往不會想和他扯上關係，因為覺得這可能會為自己帶來損失，這個人也就此被團體排除在外。我認為許多社會弱勢者，就是這樣逐漸受到孤立。

因為工作的關係，我常需要從「死亡」角度來看這個社會。對我來說，「生」並非理所當然的事。相反的，每天面對解剖台上的遺體才是我的日常。除了自殺以外，人們沒有辦法選擇死亡的方式。想必沒有人會希望自己因為強風吹過來一把傘刺傷頭部而死亡吧。但即使如此，人們還是沒有辦法避免死亡降臨。

就算活得再怎麼認真，做人多麼實在，也有可能突然得到癌症，或突然被陌生人殺害。就「無法選擇死亡方式」這一點來看，或許可以說死亡對所有人來說都是平等的。

我的生死觀很單純。我在即將死亡之際，不會去「猝死寺」（ぽっくり寺，祈求安詳猝死的寺廟）參拜，也不會去寫死前的遺言（Ending note），像這種會讓我「意識到死亡存在」的事我都不會去做。相反的，直到生命結束的前一刻，我都想要努力的活著。這不代表我很執著於「活著」，而是代表我認為，認真活在當下，是一件很重要的事。

# 因知「死」，才知「生」

近年來，日本呼吸器學會就老年人的肺炎治療，開始徵詢病患本人或家屬的意見。當病人躺在床上不能動時，唾液會逐漸累積在氣管內，使病患持續出現肺炎的症狀。這對病患來說是相當痛苦的事。如果治療行為已難以讓病患痊癒，是否該依照當事人的意見，決定是不是要持續戴著呼吸器進行延命治療？

醫師們往往認為「病患的死亡＝自己的失敗」，故會嘗試各種可能的醫療方式堅持到最後。然而，病患本人真的希望這麼做嗎？真的需要這麼做嗎？現在開始有人提出相關議論。

我以前曾在一個電視節目上看到，某個基督教系的醫院在病患的死亡逐漸逼近時，醫師們是怎麼應對的。這家醫院依據基督教的教義，僅僅在一旁守候、祈禱，讓患者能夠平靜地度過剩下的時間。雖然我不是基督教徒，但在面對無法抵抗的「死亡」時，我認為這才是我們唯一能做的。

然而，「死亡」這件事不僅是病患自己的問題，也與留下來的家屬有關。遺體被送來時，通常我沒什麼機會與遺體的家屬直接接觸。由於司法解剖的結果關係到搜查工作，所以要與家屬見上一面並不容易。然而，如果是承諾解剖，當解剖後仍不曉得死因時，我們法醫就會直接向家屬說明。

警察向家屬們說「為了要調查死因，需要送去解剖」，並徵求家屬們同意解剖，卻在解剖後只拿出一份上面寫著「死因不明」的鑑定報告書給家屬，想必家屬們應該沒辦法接受吧。然而，就算無法確定死因為何，我們還是有得到某些資訊。若能告訴家屬：「死者不是因為腦出血而死亡」、「不是因為喉嚨被異物噎住而窒息死亡」等否定某些可能性的話，有時對家屬來說也是一種「救贖」。

特別是在嬰幼兒或孩子死亡的時候，常常會有家長認為「是因為自己的不小心導致孩子死亡」而怪罪自己。但事實上，大多數情況就算沒有家長在場，還是沒辦法避免孩子死亡的事實。「要是那個時候有做緊急處理，或趕快送到醫院，是不是就能得救了呢？」、「孩子死的時候會不會覺得痛苦呢？」家長們常問我這類問題。當我回答他們「並不是你的錯，孩子是突然猝死，應該不會覺得痛苦」、「牛奶沒有跑進他的氣管內，所以並不是因為餵牛奶的方式不對讓他窒息死亡」時，或許也能讓他們釋懷一些吧。

那時，我正為一個出生後八個月的嬰兒進行解剖。老實說，解剖後我還是不明白嬰兒的死因。

解剖後，我直接向嬰兒母親說明結果。由於無法確定死因，她一直哭著反覆問我「到底是為什麼？」然而，有時候就是解剖了也不曉得死因。我明白她的心情，於是和她說「之後如果還有任何問題，請再和我聯絡」，並把我的聯絡方式給她。

在那之後的三年內，每當她在報紙上看到類似的嬰兒死亡案例時，一定會寫信來問我「我的孩子會不會也是這個原因死掉的呢？」或許就是因為不曉得自己孩子的死因，讓她一直擺脫不了孩子死亡的陰影。

因為知道「死亡」，才能好好「活著」。

在解剖台面對遺體時，我總是思考活著與死亡的意義。

## 【第7章參考文獻及網站】

●警察庁捜査第一課　公安委員会説明資料No.4「平成27年中における死体取扱状況について」（２０１６年２月25日付）
https://www.npsc.go.jp/report28/02-25.pdf
●朝日新聞デジタル「遺体の解剖率微増　都道府県警で大きな差」（２０１６年２月27日配信）

# 後記　死亡的階級

近年來，「階級」一詞常出現在我們的身邊。

前一陣子，我在ＮＨＫ上看到以「健康階級」為主題的談話節目（２０１６年９月19日播放的ＮＨＫ特別節目『從今天起的我們＃健康階級』）。節目中提到，我們日常生活的健康意識、接受的醫療等，皆與當下的職業、收入直接相關，也因此存在著階級差異。節目中指出，非正職員工的糖尿病併發症之發病機率，為正職員工的１．５倍。

本書以「階級」一詞為關鍵字，描述我在解剖「貧困」、「孤獨」、「衰老」等被認為是社會「弱勢者」的遺體時碰到的狀況，並添加一些我自己的想法作為點綴。

在有人向我詢問是否要出版這樣的書籍時，老實說，我對於「階級」一詞有些困惑。我在法醫學界待了20多年，從來沒有意識到被我解剖過的人們有階級差異的問題。

然而，在我接受了這個提案，回去重新翻查過去的解剖案例時，才發現我過去曾解剖過的人們，大部分都是社會上的弱勢。

我們法醫學教室解剖過的遺體中，約有50％是獨居者、約有20％是生活保護津貼的支領者、約有近10％的人是自殺死亡。且約有近30％是精神疾病患者，其中，失智症患者佔了所有遺體的5％以上。

另外，身分不明的遺體佔了全體的約10％。

光看這些數字，就能明白「非自然死亡」的人們，正是日本社會的黑暗面。或許我每天工作時，只專注於「找出死因」的使命，對於死者們所處的社會狀況卻視而不見。然而事實上，非自然死亡與階級，一直存在於你我身邊。

我一開始的目標並不是成為法醫學者。學生時代我對研究很有興趣，自四國的香川醫科大學醫學部畢業後，隨即進入研究所，在基礎醫學的研究室進行研究。一般而言，大學的基礎醫學教室成員並不會在醫院為病患看診，而是專注於疾病原因的研究。我在研究所取得博士學位後，也曾做為一位研究員到美國留學。當時的我想成為一位研究者，一個勁地朝著學問的道路邁進。

然而，在我回國後，我的命運有了極大的轉變。

我大學時的恩師為我介紹了一位在老家附近醫科大學任職的解剖學教授。於是我前往拜會，那位教授說「法醫學教室還有位子喔」，並當場撥起內線電話。不久，我未來的「師父」，法醫學教室的S教授就出現在我們眼前。

「這孩子想找個工作。」

至今我仍記得S教授聽到這突然被拋出來的一句話而不知該做何反應的表情。這也是理所當然的。突然有人問「要不要收這個人當徒弟呢？」一般人很難馬上能回答吧。

感到困惑的不只有他，我也是。我當然知道大學裡有「法醫學」這門課，但我從來沒想過自己會踏上這條路。

那之後過了20多年——。

現在我覺得，當初踏上法醫學這條路，實在太好了。

從幾年前開始，我以兵庫醫科大學所在的西宮市為中心，試著在市內幾間大學為學生開設法醫學的課程。學生大都是文科生，幾乎沒有任何與醫學相關的知識。即使如此，當我開始講解法醫學的現場以及實際體驗時，原本看起來很想睡覺的學生們都會突然抬起頭，專心聽我講課。我只是說著對我而言是理所當然的事情，他們的反應卻相當有趣。

「在這個社會上，對於法醫學、對於每個人都將面對死亡一事，默默懷抱興趣的人們，或許比我想像中還要多。不知道我能不能將自己在解剖台前曾思考過的問題，傳達給一般人知道——」

在我開始思考這些事的時候，正好收到了出版這本書的提案。本書中一貫由「死」來思考「生」。任何人都無法避免「死亡」，而藉由本書窺見死亡部分樣貌的讀者們，又會有什麼樣的感想呢？哪怕只有一點也好，如果可以讓您開始思考「如何讓社會變得更好？」就讓我感到十分欣喜。

至今我在解剖現場看過許多遭逢不幸而死亡的人們。沒有人能選擇死亡的方式，卻也因為如此，我認為比起「死」，我們更該專注於「生」，並努力活在當下。最後，從來沒有執筆經驗的我得以出版本書，全歸功於盡心盡力幫助我的編輯們，在此感謝千吉良美樹小姐，以及双葉社的手塚祐一先生。

兵庫醫科大學法醫學教室　主任教授　西尾元

Note

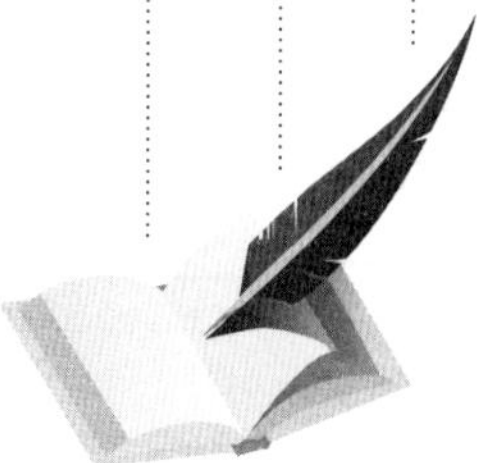

Note

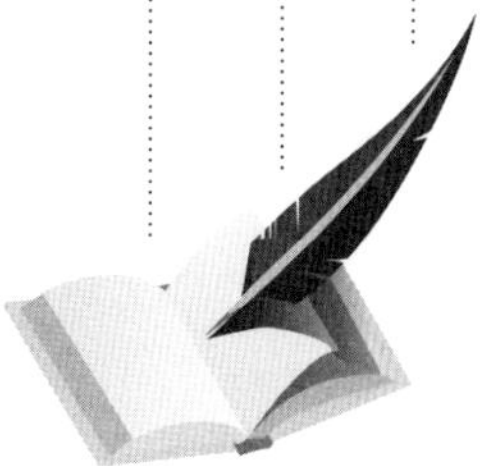

國家圖書館出版品預行編目資料

屍體證據：日本法醫揭開解剖台上孤獨、貧窮、
衰老與不平等的死亡真相 / 西尾元作；陳朕疆
譯. -- 初版. -- 新北市：智富, 2018.08
面；　公分. --（Sroty；13）
ISBN 978-986-96578-0-8（平裝）

1. 法醫解剖學

586.661　　107008510

Sroty 13

# 屍體證據：日本法醫揭開解剖台上孤獨、貧窮、衰老與不平等的死亡真相

作　　者／西尾元
譯　　者／陳朕疆
主　　編／陳文君
責任編輯／曾沛琳
封面設計／林芷伊
出 版 者／智富出版有限公司
地　　址／（231）新北市新店區民生路 19 號 5 樓
電　　話／（02）2218-3277
傳　　真／（02）2218-3239（訂書專線）・（02）2218-7539
劃撥帳號／19816716
戶　　名／智富出版有限公司
酷 書 網／www.coolbooks.com.tw
排版製版／辰皓國際出版製作有限公司
印　　刷／世和彩色印刷股份有限公司
初版一刷／2018 年 8 月
　　二刷／2019 年 3 月

ISBN／978-986-96578-0-8
定　　價／300 元

SHITAI KAKUSA — KAIBOUDAI NO UE NO「KOENAKIKOE」YORI

First published in Japan in 2017 by Futabasha Publishers Ltd., Tokyo.
Traditional Chinese translation rights arranged with Futabasha Publishers Ltd. through AM-ANN CO., LTD.